Narratori

DJAÏLI AMADOU AMAL

Cuore del Sahel

Traduzione di
Giovanni Zucca

SOLFERINO

Questa è un'opera di finzione, ispirata a fatti reali.

SOLFERINO

www.solferinolibri.it

Titolo originale:
Cœur du Sahel

ISBN 978-88-282-0958-4
Prima edizione: settembre 2022

Cuore del Sahel

A Pabe Mongo,
la cui accoglienza
nella Nouvelle Littérature
camerounaise (Nolica)
sarà per sempre con me

Alle donne vittime del Sahel

«Quanto più una verità è sgradevole da ascoltare, e rischia di scontrarsi con l'opposizione più vivace, tanto più è utile da pronunciare.»

André Gide

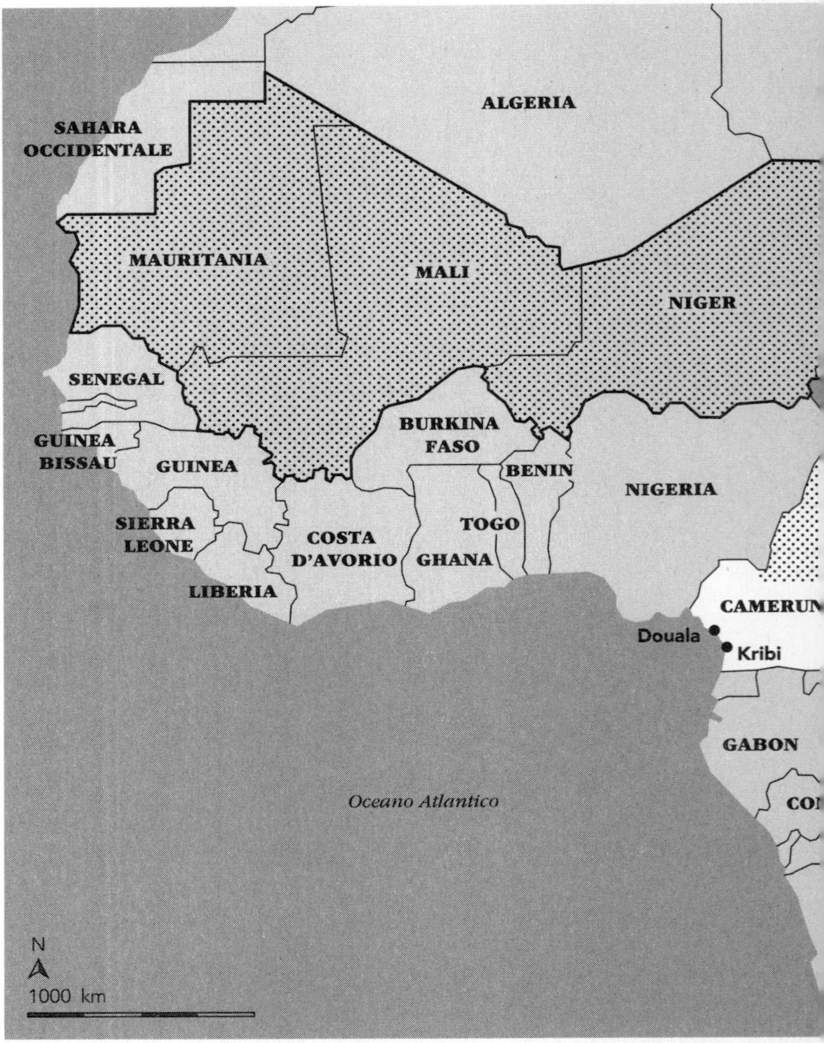

L'Africa subsahariana

Fascia saheliana dell'Africa

Camerun

Regione dell'Estremo Nord del Camerun

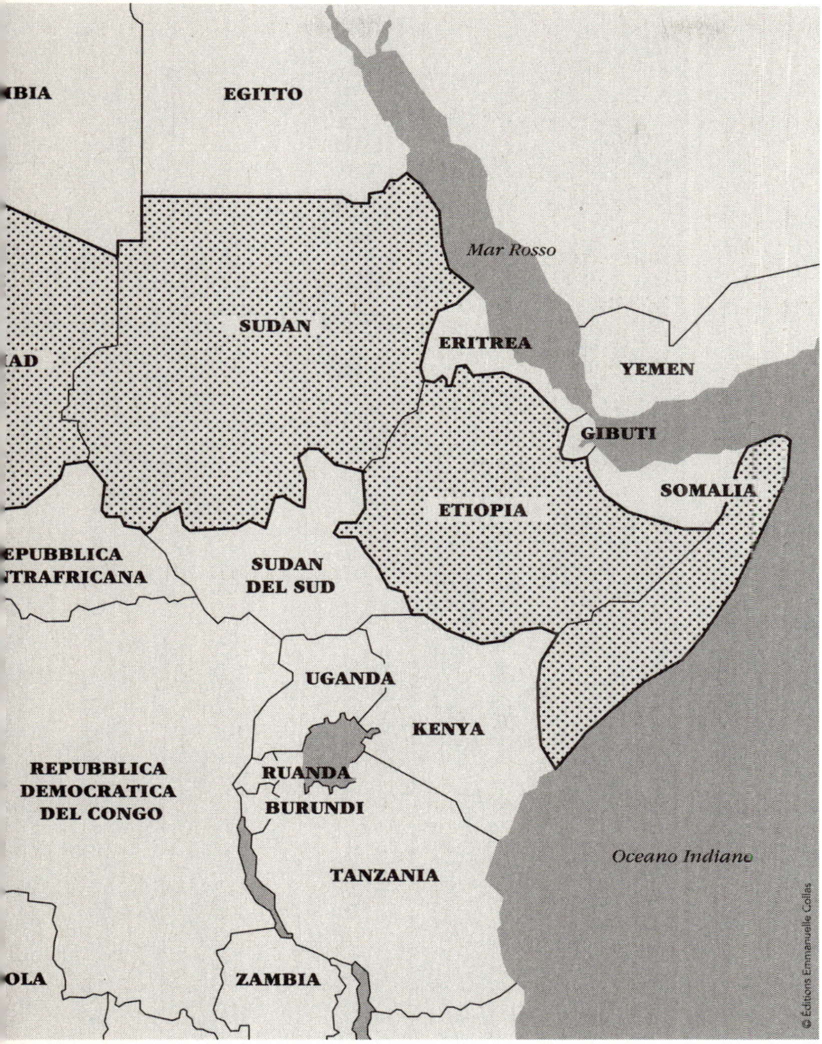
EGITTO
Mar Rosso
SUDAN
ERITREA
YEMEN
GIBUTI
SOMALIA
ETIOPIA
SUDAN
DEL SUD
UGANDA
KENYA
REPUBBLICA
DEMOCRATICA
DEL CONGO
RUANDA
BURUNDI
Oceano Indiano
TANZANIA
ZAMBIA
© Éditions Emmanuelle Collas

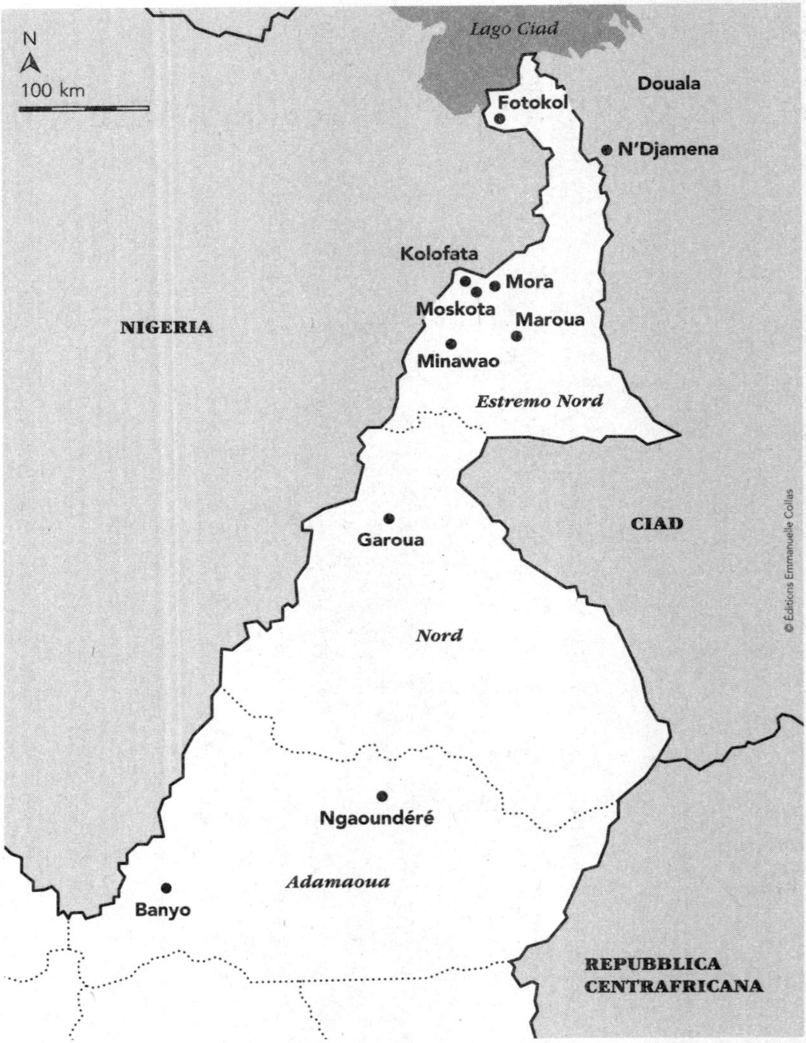

Regione dell'Estremo Nord del Camerun

I

IL CAMMINO DELLA SPERANZA

«In ogni lacrima indugia una speranza.»
Simone de Beauvoir

1

È appena mattino. Il sole distende già la sua tela scarlatta, lasciando presagire una giornata torrida. Cos'altro aspettarsi, in questo periodo dell'anno? La stagione delle piogge è solo un lontano ricordo. Gennaio sta per finire, portando con sé le ultime brezze fresche, l'ultima tregua prima del grande caldo. I campi si estendono fino ai piedi della montagna e le spighe di sorgo secco sparse sul terreno accentuano la tonalità dorata del paesaggio. Le poche foglie ancora attaccate agli alberi di acacia sono da tempo ingiallite, così come le erbe bruciate dal sole. Steli di miglio, ormai privi dei semi, resistono ancora in piedi, malfermi eppure caparbiamente radicati nella terra che li nutre. Dalla montagna si distinguono le rocce grigie che vegliano sul villaggio, come grossi cani.

Il viso di Kondem è impenetrabile. Le rughe che le solcano la fronte scura fanno intuire un umore pessimo. In silenzio, strappa gli ultimi baccelli di fagioli dall'occhio, sfogando la sua collera sulla terra inaridita. L'adolescente che lavora accanto a lei non si lascia scoraggiare dall'espressione accigliata della madre. Anche lei freme di nervosismo, ma le tiene testa con determinazione, con l'intenzione questa volta di averla vinta.

Sono passati quattro mesi dalle ultime piogge. Ce ne vorranno altri cinque prima che una sola goccia d'acqua cada dal cielo disperatamente limpido, senza una sola nuvola a offrire riparo dalla furia del sole. La terra secca si spacca ma resiste, ostinandosi a proteggere ciò che resta del suo prezioso tesoro.

Alzandosi di scatto, Kondem scaglia rabbiosamente a terra la bacinella che tiene in mano. Una lucertola si allontana alla chetichella. I baccelli dei fagioli di un giallo tenue si disperdono nell'aria, prima di scomparire in mezzo all'erba secca. In lontananza un cane abbaia, rompendo il silenzio delle mattine sempre più tranquille del villaggio, perso nel cuore della savana. Sua figlia le ha comunicato che intende andare a lavorare come domestica a Maroua, il capoluogo della regione, distante una cinquantina di chilometri, e dopo un momento di stupore Kondem è sprofondata nella disperazione, infine ha ceduto alla rabbia. Ma la ragazza non ha rinunciato al suo proposito.

È la prima volta che Faydé osa sfidarla, e la delicata questione su cui si stanno scontrando ha sconvolto Kondem – con grande sorpresa della figlia, che non capisce perché ciò che sembra essere la norma lì al villaggio debba diventare motivo di discordia con la madre.

Le mani piantate sui fianchi, come per darsi un contegno, Kondem strilla: «Non ti lascerò andare!».

«Invece dovrai, perché non abbiamo scelta.»

«E invece sì.»

Infastidita dal fatto di dover discutere di un argomento che l'altra donna conosce fin troppo bene, Faydé sospira.

«Dada, guardati intorno. Non c'è più niente qui. Non c'è niente da aspettarsi, niente in cui sperare. Sempre più gente se ne va via, il villaggio si sta svuotando. Tutte le mie amiche di quand'ero bambina lavorano in città. Sono l'unica della mia età rimasta ancora qui.»

«Che cosa c'entra? Io voglio di meglio per te.»

«Davvero? Cosa vuoi per me di così diverso? Cosa pensi di poter fare per me?»

Si squadrano a vicenda. Stessa figura snella – ormai indossano la stessa taglia. Stessa carnagione scura, anche se quella della ragazza sembra più dorata. Ma il peso delle difficoltà e l'amarezza che grava inesorabile sulla madre ancora non sono evidenti nella figlia, che sembra non aver smarrito la spensieratezza. Hanno lo stesso carattere risoluto: nessuna delle due abbassa lo sguardo per prima. Una scintilla di rabbia e di impotenza si accende negli occhi di Kondem e trova un'eco in quelli di Faydé, che trattiene a stento le lacrime.

«Ti ho mandato anche a scuola.»

«Sono due anni che non ci vado più.»

«La troverò una soluzione. Non ho fatto tutta questa fatica perché tu finisca a fare la domestica come me.»

«Non dovevo dirtelo. Dovevo andarmene in silenzio, come le altre. Sarebbe stato meglio.»

Senza più guardarla, Faydé recupera in fretta la bacinella, raccoglie i baccelli di fagioli e gira sui tacchi, lasciando la madre smarrita e sconvolta. È decisa a partire, che Kondem sia d'accordo o meno. Ha fatto la sua scelta. Questa volta Srafata, Danna e Bintou non torneranno in città senza di lei.

Anche se ha passato i primi anni della sua vita a Maroua con la madre, che faceva la domestica in una grande concessione, Faydé non ne serba alcun ricordo. Nel Nord del Camerun, una concessione è una tenuta delimitata da mura o da una palizzata, dove vivono tutti i membri di una famiglia.

Quello che Faydé sa di quella città fantasticata si basa principalmente sui commenti delle sue amiche che tornano a casa una volta all'anno, con le borse piene di provviste utilissime agli abitanti del villaggio: sapone, pesce essiccato, sale, zucchero, fiammiferi, benzina e persino compresse di paracetamolo e chinino. Ma soprattutto portano vestiti nuovi, gioielli e scarpe, che accendono un bagliore di invidia negli occhi delle donne rimaste al villaggio.

La sera, alla luce dei falò, raccontano le loro avventure tra grandi scoppi di risa. E il giorno di Natale indossano vestiti nuovi. Come sono eleganti, con il loro *wakkaré* piegato alla perfezione – il secondo *pagne* che completa la loro tenuta, come solo le ragazze di città lo sanno mettere. Con le scarpe col tacco camminano un po' impacciate, ma hanno una loro grazia. E quel trucco sofisticato che le rende così esotiche! Ah, le ragazze che lavorano in città, come sono sicure di sé! Faydé le invidia.

Le feste di fine anno sono ormai solo un ricordo. I festeggiamenti, un mese intero di canti, balli e veglie, con il passare degli anni durano sempre meno. Questo è forse il segno più tangibile di come le cose stiano cambiando. I giorni spensierati sono ormai lontani. Il villaggio si è ulteriormente svuotato dei suoi abitanti più giovani e forti. Sono partiti tutti in cerca di una vita migliore, o anche solo di una possibilità di sopravvivenza. Hanno lasciato i campi ai genitori, alle mogli e ai figli piccoli che non hanno le forze per coltivarli. Ma anche se le avessero, le forze, non sarebbero comunque in grado di influire sul cambiamento climatico. Pur con tutta la volontà, non si riesce a far piovere. Il clima è sempre più arido, la terra sempre più secca, impoverita, stanca, e troppe sono le bocche da sfamare. Tutti vanno in città, sempre più lontano, sempre più a lungo. Anche le amiche di Faydé non intendono aspettare oltre, e questa volta lei è decisa a seguirle.

Appoggiata alla staccionata Kondem osserva la figlia, che non l'ha vista arrivare. Faydé è seduta su uno sgabello al centro del cortile, pensosa, i suoi fratelli giocano intorno a lei. Da quando le ha parlato del suo progetto, Kondem ha la penosa sensazione di rivivere un incubo che credeva sepolto da anni. Che ribaltamento di ruoli, che ironia del destino... Non l'aveva forse già vissuto anche lei tutto questo? Non aveva tenuto testa a sua madre, pur di andarsene in città? Non aveva avuto gli stessi sogni di fuga e di una vita migliore? E soprattutto, non aveva forse nascosto agli altri, a quelli rimasti al villaggio, la realtà della città, troppo difficile da ammettere? In cuor suo lo sa bene, non importa ciò che dirà a questa testarda adolescente, sua figlia non sentirà ragioni.

La figlia più piccola di Kondem, che dorme nella capanna, si mette a piangere e distoglie dai suoi pensieri la madre, che si affretta ad andare a vedere cosa succede.

«Hai preparato la zuppa?» chiede a Faydé.

«Sì, è pronta. Ma non c'è più zucchero, né miele, né tamarindo. E non ho soldi.»

«Chiederemo ad Abdou di farci credito. Pagheremo dopo.»

«Non vuole più farci credito. Ogni volta che mi mandi da lui, mi insulta e mi umilia.»

«Hai chiesto alla vicina?»

«Lo sai quanto è diventata arrogante, da quando suo figlio lavora a Douala. Sono stufa del suo disprezzo. Ci ho messo del limone, la manderemo giù così. Sennò, vacci tu a supplicarlo!»

Faydé gira la testa e serra le labbra, con un'espressione imbronciata che contrasta con il suo solito buon umore. Dov'è finita la ragazza gioiosa i cui scoppi di risate fino a non molto tempo fa rallegravano anche i momenti più bui? Tra madre e figlia cala un silenzio insolito. La complicità che le lega da quindici anni sembra aver lasciato il posto a un profondo dissidio. Kondem ce l'ha con sua figlia per tutti i sogni che ha nella testa. Non sopporta che pensi di andare in città e ce l'ha con lei soprattutto perché vuole andarsene, lontano da quella vita quotidiana sempre più gravosa da sopportare.

«Faydé» dice sconsolata «perché non vuoi capire?»

La ragazza torna sui suoi passi, si siede di fronte alla madre, il *pagne* sbiadito a coprirle le gambe. È un'adolescente; da poco si cominciano a intravederle i seni sotto la maglietta lisa, e forse è questo che più spaventa sua madre.

«Devo andare, Dada! Non abbiamo scelta.»

«Se te ne vai, chi mi aiuterà nei campi?»

«A fare cosa, nei campi? La stagione secca durerà ancora per mesi. I raccolti stanno diventando sempre più miseri. L'harmattan non soffia più.»

«E la scuola, Faydé? Quella di cui abbiamo parlato tanto in chiesa e dove volevi assolutamente andare? Era una speranza di cambiare davvero qualcosa. Ho fatto tanti sacrifici per iscriverti e per comprare per anni i libri e tutto il resto. E hai avuto anche dei buoni voti. Perché mai devi buttare via le tue capacità e rinunciare ai tuoi sogni? Io sono orgogliosa di te. E tutto questo per andare a fare la domestica come me? Non ci riesco a farmelo andar bene!»

Con gli occhi lucidi, Faydé alza la testa.

«La scuola e le promesse di un futuro migliore sono solo miraggi, Dada. Una chimera che vai avanti a inseguire per anni, disperatamente, senza avere mai la possibilità di raggiungerla. Non puoi continuare a spendere quello che non abbiamo, sperando in un risultato sempre più ipotetico.»

«Volevi diventare una dottoressa...»

«Nella lotta per la sopravvivenza, non c'è posto per i sogni» la interrompe la ragazza. «A maggior ragione un sogno così folle, in un ambiente così arido. Non è il posto giusto.»

«Se te ne vai, chi si prenderà cura dei tuoi fratellini? E di tua sorella, che sto ancora allattando? Chi andrà a prendere l'acqua per la famiglia? E chi mi aiuterà a macinare il miglio per i pasti quotidiani?»

«Appunto! Se non vado a lavorare come le altre, dove li troverai i soldi? Chi si occuperà del mio corredo quando sarò pronta a sposarmi? Dada, non ho più niente da mettermi. I miei fratelli vanno in giro praticamente nudi, stiamo sprofondando nella miseria, il granaio è vuoto. Dimmi, Dada, se non parto, chi ti aiuterà a nutrire i bambini? Chi pagherà per permettere anche a loro di andare a scuola, almeno per qualche anno? E il sapone? Il sale? I fiammiferi? Il cherosene? Per non parlare del chinino. Come facciamo a sopravvivere, senza tutte queste cose?»

«Non lo so» sussurra mesta Kondem.

Senza guardarla, Faydé si alza e corre via singhiozzando.

2

«Vuole andarsene. È davvero decisa. Non c'è niente che posso fare per convincerla a lasciar perdere.»

A bassa voce, attenta a non farsi sentire dai bambini che giocano nel cortile, Kondem si confida con l'amica Sadjo. Gli occhi arrossati e le occhiaie tradiscono le lunghe notti insonni.

«Sapevi che prima o poi si sarebbe lasciata tentare. E poi ha ragione, Kondem. Cosa vuoi che faccia qui al villaggio? Conosci una sola persona che non abbia mai tentato quest'avventura?»

«Tu lo sai cosa mi preoccupa» sussurra Kondem, dopo essersi guardata nervosamente intorno, per assicurarsi che nessun orecchio indiscreto sia in ascolto.

«Non puoi continuare a pensare a quella vecchia storia. Scommetto che sei l'unica che ci sta ancora rimuginando sopra.»

Kondem è immersa in ricordi che avrebbe tanto voluto dimenticare. Ma ogni tratto del viso di sua figlia glieli rammenta. Persino il suo nome. Che idea ha avuto sua madre di chiamarla Faydé, «trovata» in lingua fulani. *Faydé!* Una bella trovata. Frutto di un caso fortunato. *Fayderé!* Un nome ironico per il frutto di uno stupro a cui sua madre non ha mai creduto. Secondo lei, Kondem si era lasciata sedurre dall'uomo che l'aveva assunta, e che l'aveva semplicemente mandata via quando aveva capito che era incinta. Così era tornata al villaggio, coperta di vergogna. Ma sua madre, che non poteva certo essere felice di quella nascita e per mesi aveva infierito sulla figlia, era stata ben lieta di accogliere una nipote piovuta dal cielo.

Per provvedere alla figlia, Kondem era tornata a lavorare a Maroua. Era riuscita a trovare un posto da domestica nello stesso quartiere dove lavorava già prima, ma la piccola Faydé legata dietro la schiena aveva attizzato le malelingue: il suo bel visetto somigliava stranamente a quello della bambina della casa di fronte. Lo sguardo sempre più duro del suo ex padrone aveva alla fine avuto ragione della sua impudenza. Preoccupata per la sua incolumità, oltre che per quella della figlia, Kondem aveva deciso di tornare al villaggio e non rimettere più piede in città. Giovane madre, aveva sposato il primo pretendente che si era fatto avanti.

Per Faydé, che non sapeva nulla dei dettagli relativi alla sua nascita – anche se qualche dubbio le era venuto –, il marito di sua madre era suo padre. La famiglia si era poi allargata, con tre maschi e un'altra femmina.

«E se lui la rivede, là in città?»

«Quello là? Pensi che si ricordi di te? Quante domestiche avrà avuto, da allora?»

«Non dimenticare che se ho deciso di tornare al villaggio per sempre è stato proprio per come guardava sua figlia.»

«Sì, ma è stato tanto tempo fa. Se la sarà sicuramente spassata con altre domestiche, e magari ha seminato in giro qualche altra Faydé.»

Sadjo ride della sua battuta, come se non potesse farne a meno.

Sempre preoccupata, Kondem la ignora e continua, con un tono che tradisce tutta la sua angoscia.

«Non vuol dire che non possa riconoscerla!»

«Stai esagerando, Kondem. Faydé ormai è cresciuta. Dopo un periodo di separazione, molti genitori non riconoscono neanche più il bambino che hanno tirato su loro. E tu vuoi che quel tizio si ricordi di una figlia che non ha mai né visto né accettato come sua? E poi, non offenderti, ma tu per lui eri solo una domestica. Deve averne viste passare a decine.»

«Però può darsi che si ricordi.»

«E anche se fosse? Se ne fregherebbe. Sarebbe solo una servetta come un'altra.»

«È proprio questo che mi preoccupa.»

«Tu conosci la gente di città. Come sono boriosi, quanto ci disprezzano...»

«È questo che mi preoccupa» ripete Kondem.

Le due amiche d'infanzia si sono sempre sostenute a vicenda, e Kondem ha sempre tenuto fede alla regola non scritta stabilita tra loro: quando il tormento diventa troppo pesante da sopportare, si confida con Sadjo, che da allora viene ogni sera a chiacchierare con lei. Sedute su una vecchia stuoia, una bacinella davanti ai piedi, le due donne spezzano con gesti meccanici i gusci secchi delle arachidi e senza guardare gettano le noccioline nel piatto lì accanto.

«La città è grande. Pensi che per puro caso possa finire a lavorare nella casa di suo padre?»

«Non è suo padre» la interrompe bruscamente Kondem.

«Come vuoi. Sei tu che pensi che lo sia...»

«Lei non sa niente di questa storia.»

«Una storia come tante, e tu ne stai facendo un dramma. Una storia che probabilmente sei l'unica a voler ricordare, e mi chiedo perché» risponde Sadjo con tono ironico, cercando di allentare la tensione.

Kondem non ha alcuna voglia di sorridere.

«E se Faydé credesse alle bugie della gente di città? E se decidesse di rinnegarci come alcuni hanno fatto, abbracciando la loro religione?»

«Cosa ci sarebbe di male, se così riuscisse ad avere una vita migliore?»

«Lo sarebbe per me, se dovessi perdere mia figlia!»

«Se anche dovesse convertirsi all'Islam, non per questo la perderesti.»

«Certo che sì! Guardati intorno. Tutti quelli che hanno abbracciato l'Islam hanno abbandonato il villaggio, le tradizioni e la famiglia. Hanno rinnegato persino i loro nomi.»

«Qualcuno sì, ma non bisogna generalizzare. Le ragazze non abbandonano mai le loro madri.»

«Ma a volte se ne vergognano. E se rimanesse incinta?»

Kondem ha appena affondato il dito sulla sua paura più profonda. Tra loro cala il silenzio, perse entrambe nei loro pensieri. Quante volte Sadjo le ha confidato la sua paura di quello che potrebbe succedere a sua figlia Srafata, che lavora a Maroua già da qualche tempo? Che sollievo, ogni volta, vederla tornare sorridente e apparentemente spensierata. Per giorni, senza farsi notare, Sadjo osserva la figlia nel timore di scorgere qualche segno di ciò che teme di più.

Un gruppo di donne, con una bacinella in testa e un secchio vuoto in mano, si avvicinano chiacchierando. Lanciano un saluto, interrompendo il silenzio e i cupi pensieri delle due amiche.

«Kondem, sono un po' di giorni che non ti vedo al mercato. Sono anche venuta stamattina a chiedere di te, e tua figlia mi ha detto che eri nei campi.»

«Sei gentile. Mi è venuta un po' di malaria, ma oggi sto meglio.»

«Non hai per niente una bella cera. Dovresti bere qualche tisana... Noi andiamo a prendere l'acqua, venite anche voi?»

«No, siamo stanche» risponde Kondem, sforzandosi di sorridere. «Dada Srafata mi tiene compagnia per un po'. Ci andranno le nostre ragazze a prenderla. Magari ci sono anche già andate. Ma i pozzi del villaggio sono quasi tutti in secca, andate dove c'è la trivellazione?»

«Troppo lontano e poi c'è troppa gente. Andiamo verso la chiesa. Il pozzo che c'è lì è l'unico dove si trova ancora un po' d'acqua.»

Le donne si allontanano e, come per magia, ritorna il silenzio. Per qualche istante Kondem sente ancora le voci allegre, sempre più lontane, finché non svaniscono. Poi torna alle sue apprensioni.

«Ma se anche Faydé se ne va, chi mi aiuterà con i bambini e i campi? Chi mi sosterrà?»

«Non può sostituire tuo marito, Kondem» risponde decisa Sadjo.

Kondem sospira. A poco più di trent'anni, le preoccupazioni e la miseria le hanno già scavato profondi solchi sul volto. Indossa un *pagne* sbiadito dal tempo e dai ripetuti lavaggi, e una maglietta sgualcita con l'immagine del suo presidente, a malapena riconoscibile – le distribuiscono gratuitamente durante le campagne elettorali, e la gente del villaggio spesso le usa come vestito. Una bimbetta che gioca poco lontano sulla sabbia si avvicina piangendo a Kondem. Senza nemmeno guardarla, Kondem si solleva la maglietta e le offre un seno avvizzito, cui la piccola si attacca avida.

Dimostra almeno dieci anni in più, la madre, e sembra portare sulle spalle tutta la miseria del mondo. Sadjo le ha appena ricordato un altro episodio recente della sua vita, una disgrazia capitata nel momento peggiore: da mesi suo marito è scomparso. Dov'è andato? Come insinuano le malelingue, ha seguito di sua volontà quei selvaggi calati sul villaggio per uccidere senza pietà tutti coloro che si oppongono alla loro furia distruttrice? Quegli uomini, membri della setta Boko Haram, hanno assalito il villaggio in una notte buia e hanno fatto piazza pulita. È stata una razzia terribile. Hanno preso tutto quello che potevano, i raccolti e il bestiame, prima di dare fuoco alle capanne. E hanno tagliato la gola al vecchio Mjiri perché aveva cercato di protestare.

Kondem si rifiuta di credere che Doubla sia capace di diventare come i criminali che ha visto quella notte, nascosta al riparo di una scarpata, i figli stretti al petto. Doubla non li avrebbe mai seguiti, se non ci fosse stato costretto.

«Se lei se ne va, come farò a cavarmela?»

«E se invece rimane, come farete? Hai bisogno dei soldi che ti manderà. Non hai nessun altro che ti sostenga.»

«Magari Doubla tornerà.»

Cala di nuovo un silenzio pesante. Kondem sa che l'amica ha ragione: non può più farcela da sola. Niente li ha preparati a ciò che sta accadendo da qualche tempo nella regione. I raccolti magri quando la stagione è cattiva, le piogge scarse, il miglio e il mais che fanno fatica a maturare non sono una novità per nessuno, ma arachidi e fagioli dall'occhio non mancano mai, e ci si può sempre privare di qualche capra o gallina per comprare provviste in città, in attesa di giorni migliori. Kondem e Sadjo la conoscono, la fame. Anche se magari non c'è da cucinare tutti i giorni, qualcosa da mettere sotto i denti al villaggio si trova sempre. «La savana è generosa, offre sempre qualcosa per non restare a bocca asciutta.» La paura che si è diffusa nella regione, invece, quella sì, è una novità per tutti. È solo da pochi mesi che si sente dire di disordini, di bracconieri che massacrano gli elefanti nella savana, il che è molto strano. Poi hanno cominciato a parlare di «guerra santa», una jihad guidata da quelli che si fanno chiamare Boko Haram. C'è ancora posto per vecchi rancori, nel cuore di coloro che si ricordano delle sofferenze delle popolazioni autoctone cacciate dalle terre migliori, costrette a rifugiarsi tra le montagne, a volte ridotte in schiavitù in nome di Allah, ma nessuno si sarebbe aspettato che più di un secolo dopo, tra quelle montagne distanti, in nome dello stesso Allah, qualcuno avrebbe attaccato i villaggi per saccheggiare i raccolti, razziare il bestiame, uccidere chi tenta di opporsi e in più rapire i ragazzi, le ragazze e i bambini.

«Dimentica tuo marito, Kondem. Qualunque cosa gli sia successa, non puoi permetterti il lusso di stare qui a piangere con delle bocche innocenti che aspettano di essere sfamate. Se Doubla se n'è andato di sua spontanea volontà, non merita le tue lacrime. Ma anche se ha dovuto seguirli per forza, tu devi comunque tenere duro.»

«Hai ragione.»

«Lascia andare tua figlia. Hai bisogno del suo stipendio, come tutti noi. Dipendiamo da quello che i nostri figli riescono a guadagnare lavorando in città. Smettila di ignorare la realtà. Anche i ciechi a un certo punto devono aprire gli occhi.»

«Tu lo sai cosa mi preoccupa. Non voglio che la storia si ripeta.»

Le due amiche sono faccia a faccia, le loro teste quasi si toccano. Sussurrano, tra pause sempre più lunghe, come per dare a ciascuna il tempo di soppesare meglio le parole dell'altra. Solo lo scricchiolio dei gusci delle arachidi tra le dita esperte turba il silenzio. Un gatto miagola e la bambina, incuriosita, si stacca dal seno vuoto e scivola giù dalle ginocchia della madre.

«Faydé sta crescendo. Non può rimanere per sempre attaccata alle tue gonne.»

«La città è pericolosa. Soprattutto per una ragazza così ingenua.»

«Non più di questo villaggio. Eravamo tutte ingenue, quando ci siamo andate.»

«La gente di città... lo sai com'è! E se la violentassero? O peggio?»

«Anche qui un uomo può rapirla, violentarla o

sposarla con la forza, e non ci puoi fare niente. Lo stupro fa parte della tradizione, ed è quello che rischia di succederle se continua a restare qui.»

Allontanandosi un attimo dalla sua amica, Kondem si alza e si affaccenda nell'angolo che funge da cucina. Prende qualche pezzo di legno che trova in giro, cerca dei ramoscelli e accende il focolare formato da tre pietre, sopra il quale sistema la pentola. Ci vogliono meno di venti minuti perché la cena sia pronta: un pasto semplice, povero e ordinario come quello dei giorni precedenti. Couscous di farina di miglio rosso, che almeno ha il vantaggio di saziare, e una salsa di *bokko*, fatta con foglie di baobab essiccate e poi ridotte in polvere, in cui galleggiano dei fagioli. Non c'è né carne né pesce, ma lei affetta un pezzetto di cipolla e un peperone giallo per aggiungere un po' di sapore.

Poi, a voce alta, chiama i bambini che giocano fuori. Accorrono senza farsi pregare.

Una volta finito il loro piattino, tornano a giocare, mentre Kondem e Sadjo mangiano senza fretta. Kondem impasta una polpetta di couscous tra le dita, la intinge nella salsa, poi ne dà un po' alla figlia più piccola prima di far sparire il resto nella sua bocca. Intorno al pasto semplice, la conversazione torna a essere banale.

Quando Sadjo si alza per andarsene, Kondem l'accompagna fino alla staccionata della sua modesta concessione. In lontananza, vedono le figlie adolescenti che chiacchierano allegramente tornando verso casa. Negli occhi colmi di tenerezza delle due madri si affaccia un lampo di orgoglio, fugace e carico di incertezza.

Abbassando la voce, Kondem mormora: «La tua Srafata è laggiù da due anni. Davvero non hai paura?».

«Il cuore di una madre può avere anche solo un attimo di tregua? Ma anche la paura è un lusso che non possiamo permetterci. Lascia partire tua figlia, Kondem. A ogni modo, che tu lo voglia o no, lei se ne andrà. E non piangere. Capita di doverne sacrificare uno per far sopravvivere gli altri.»

3

Il giorno è appena sorto e il villaggio, ancora immerso nel sonno, fatica a liberarsi dal torpore. Solo il canto dei galli rompe il silenzio. Uno dopo l'altro, gli uccelli cominciano a cantare a gran voce, come per scacciare i fantasmi della notte. Poco più in là, nella zona musulmana, la voce del muezzin che chiama alla prima preghiera della giornata sembra fare da eco ai loro canti.

È così che il villaggio si risveglia.

Gli uccelli danno il ritmo. Gli altri seguono, ognuno con la propria melodia: una pecora bela, una madre prepara la zuppa per i bambini pestando nel mortaio. Infine, rintocca la campana della chiesa, monotona.

Kondem si affretta, determinata, con un gallo sotto il braccio. Faydé arranca per tenere il passo. Sua madre non dice nulla.

Faydé dormiva ancora quando sua madre l'ha svegliata all'alba e le ha chiesto di accompagnarla, senza dirle dove. Ora prendono un piccolo sentiero tortuoso attraverso i campi e si dirigono verso la grande montagna a ovest del villaggio. Nella frescura del primo mattino scorgono qualche scoiattolo, che le saluta con un movimento della testa prima di scappare a gran velocità.

La ragazza preferisce rimanere in silenzio, non vuole rischiare di irritare la madre. In preda all'apprensione, per un attimo ha avuto l'impulso di sottrarsi. E se sua madre avesse qualche scopo inconfessabile? E se stesse cercando a tutti i costi di dissuaderla dal partire e fosse pronta a tutto pur di impedirglielo? Quante volte, al villaggio, i genitori hanno deciso di combinare i matrimoni delle loro figlie per ottenere una bella dote o anche solo perché esasperati dalle loro pretese? Faydé respinge questi timori con un'alzata di spalle. Meglio smettere di fantasticare, sua madre la ama più di ogni altra cosa e non le farà mai del male.

Le due donne girano intorno alla montagna, si dirigono verso il lato meno ripido e cominciano a salire. Un pitone gigante riposa su una roccia levigata dai millenni, la testa poggiata sulle spire massicce. Non si muove quando si avvicinano, e le due non battono ciglio alla sua vista. Lo salutano con garbo, perché il pitone fa parte della montagna. È riconosciuto come il protettore naturale del villaggio e alcune famiglie gli sacrificano galli, conigli e persino capre. Il sentiero si restringe e le pietre rendono più faticosa la salita. Qua e là spuntano ancora le rovine delle capanne abbandonate dai loro occupanti che, dopo aver vissuto per decenni sulle pendici della montagna per proteggersi dai cavalieri fulani venuti a islamizzarli con la forza o a venderli come schiavi, sono da tempo tornati nella pianura, dove la vita è ormai più sicura e facile.

Kondem finalmente rompe il silenzio.

«Sbrighiamoci! Speriamo di trovarlo. A volte è così indecifrabile che sparisce per giorni senza che nessuno sappia dov'è. Sbrigati, Faydé.»

La grotta, antro dell'indovino che è anche lo stregone del villaggio, è nota a chiunque. Il vecchio si rifiuta di scendere a vivere in pianura, e dal momento che tutti lo temono nessuno si lamenta della sua assenza – se ne stia pure lì. Ma anche se ispira timore, Adaw è molto rispettato. Nessun abitante del villaggio prenderebbe mai una decisione importante senza prima consultarlo. Fabbro da giovane, e all'occorrenza becchino, pratica il culto degli antenati attenendosi alla religione animista, senza giudicare quelli che sono diventati cristiani o musulmani. In ogni caso, in questa regione a maggioranza cristiana e animista – e in piccola parte musulmana –, alla minima contrarietà quelli del villaggio, a qualunque religione appartengano, vengono a consultarlo e a fare appello agli spiriti dei geni della montagna che l'indovino adora e venera. Questo è ciò che conta agli occhi di Adaw.

Quando finalmente arrivano alla grotta, Kondem e Faydé trovano il vecchio sulla soglia, concentrato a intagliare con cura dei bastoncini mentre recita le sue cantilene magiche. Alza appena lo sguardo verso le visitatrici. Faydé, che non è mai stata quassù, osserva con grande curiosità lo stregone, il cui nitido sapere e la cui saggezza non sono in discussione. Molti vengono anche da lontano per consultarlo. Quante volte sua madre gli ha chiesto consiglio per sapere quando seminare i campi o iniziare il raccolto? E ora è venuta per Faydé, è ovvio. Forse è pronta a lasciarla partire, ma di sicuro non prima di aver ottenuto le garanzie che solo Adaw può offrire.

«Eccoti, Kondem! Hai dormito bene?» dice lui. Poi la guarda e aggiunge: «Penso proprio di no. Se un genio maligno non ti tormentasse di notte, non saresti qui di così buon mattino. Venite, entrate».

Afferra il bastone e, con un movimento agile per la sua età, si alza e precede le ospiti nella grotta che gli fa da casa. All'interno ci sono decine di giare di argilla, sistemate con cura. Al centro, una pelle di pantera stesa a terra. Ci si siede sopra e comincia a rovistare tra le giare. Gli amuleti sono sparsi tutt'intorno, alcuni anche appesi alla volta della grotta. Il vecchio è alto e secco, con la carnagione scura. Ha occhi da rapace, rossi e profondi, da cui emana una certa dolcezza. I suoi gesti sono lenti, la voce così bassa che bisogna tendere l'orecchio per sentirla.

«Cosa ti porta qui, Kondem? Te lo chiedo, anche se già lo intuisco. Oh, il cuore di una madre! Molte delle tue amiche sono venute a trovarmi, ultimamente. Alcune accompagnate, altre da sole. Tutte con la preoccupazione negli occhi e le domande sulle labbra. Quando il cuore di una madre smetterà di preoccuparsi? Mai, immagino. Si partorisce una volta, si rimane madri per tutta la vita.»

Nel corso del suo monologo, l'indovino continua a cercare frugando sul fondo delle giare. D'improvviso tira fuori un panno bianco, lo slega con attenzione e ne estrae una quantità di ciottoli di quarzo delle dimensioni più svariate, levigati dal tempo. Aggiunge i bastoncini che stava intagliando poco prima e borbotta: «Sapevo che saresti venuta».

Prende le pietruzze nelle mani secche e rugose, se le rigira tra le dita con un gesto che ha qualcosa di familiare, sussurra parole in una lingua sconosciuta. Per un po' ci soffia sopra, intonando l'incantesimo con voce dolce, poi più forte e minacciosa. Faydé si aggrappa alla madre, ha paura. Il cuore le batte all'impazzata e vorrebbe scappare via. Solo la presenza di Kondem, il cui volto esprime comunque una certa inquietudine, le dà il coraggio di restare dov'è. Sentirà ciò che non vuole assolutamente sentirsi dire?

Lo stregone continua il rituale e ben presto un misterioso clamore invade la grotta, accrescendo l'inquietudine delle visitatrici. L'uomo della magia e gli spiriti invisibili sembrano conversare tra loro. Adaw soffia di nuovo sui quarzi e li getta a terra, prima di esaminare con attenzione tutte le posizioni che hanno preso cadendo. Infine, sussurra: «Tua figlia, come tutte le ragazze della sua età, vuole andarsene di casa. Vuole solo trovare se stessa e rendersi utile. Sta correndo verso il suo destino. Il tuo cuore di madre, mia povera Kondem, è diviso. C'è in corso una lotta spietata. Questo è ciò che ti tormenta. Una parte di te capisce la necessità che lei se ne vada, vuole lasciarla crescere e sbocciare. L'altra è schiava della tua preoccupazione di madre e dei tuoi tanti dubbi. Tua figlia se ne andrà e tornerà sana e salva. E poi se ne andrà di nuovo...».

Lancia uno dei bastoncini che ha appena intagliato, ma non è soddisfatto. Lo lancia ancora e ancora. Infine, un sorriso gli appare sulle labbra.

«Non le succederà niente di male. Non preoccuparti.»

Un sorriso di sollievo si allarga sui volti di Kondem e della figlia. Finalmente i loro timori sono stati placati. E il cuore di Faydé palpita di gioia. Potrà partire per la città con il consenso della madre e la certezza che non le accadrà nulla di male. Non dubita nemmeno per un istante delle parole del saggio Adaw.

Kondem si schiarisce la gola, prima di dire, un po' imbarazzata: «Avevo un'altra domanda...».

«Il cuore di una donna. Oh, cuore di donna! Hai un pollo?»

Senza dire una parola, la madre tira fuori il gallo prigioniero tra le pieghe del suo *pagne*. Il vecchio lo afferra e taglia la cordicella che gli lega le zampe. Per un momento, riprende a recitare i suoi incantesimi, poi si rivolge al gallo: «Stenditi per bene! Anche se uno di noi deve morire, non stenderti male!».

Continua con gli incantesimi, incide la testa del volatile a partire dal becco utilizzando un gambo di miglio e poi gli taglia la gola, lanciandolo davanti a sé. L'animale salta, vortica, sbatte le ali e infine crolla a terra.

«Stenditi! Stenditi bene, che è importante. Guai a te, se ti stendi male!» continua Adaw, ammonendo il gallo agonizzante.

L'indovino scruta attentamente la posizione dell'animale finché non smette di muoversi. Quello che legge non deve essere di buon auspicio, perché le sue labbra si stringono per il rammarico.

«Quante disgrazie in questo villaggio, grandi dèi! Quante disgrazie!»

«Lui è...?» Kondem non osa pronunciare quella parola.

«No, non ti preoccupare. Stavo parlando in generale. Sappi che tuo marito è sano e salvo, e che vi ritroverete. La posizione del gallo è buona.»

«Doubla tornerà, allora?»

«Ho detto che vi ritroverete» ripete, lo sguardo

perso in lontananza. «Ora andate. Sono stanco, e anche i geni sono esausti. Tieni» dice, porgendo a Kondem una manciata di polvere. «Faydé si laverà con questa nel cuore della notte, quando le iene cominceranno a sghignazzare nella savana. La mattina della partenza romperà un uovo davanti a lei e un altro dietro le spalle, senza girarsi. Questo è tutto. E ora andate.»

Le guarda allontanarsi, scuotendo la testa. Raccoglie le pietruzze e le getta di nuovo a terra, chinandosi per interpretare meglio il loro messaggio.

Sulla via del ritorno, Kondem e Faydé chiacchierano allegramente senza parlare dello stregone né della partenza. Sollevate, vogliono solo godere della presenza l'una dell'altra, ritrovando la complicità che per un po' era andata persa. Il conflitto si è risolto. Faydé sa che partirà presto e che sua madre è pronta.

Alla fine del pomeriggio Kondem va in chiesa. È sola. Ha consultato gli antenati, certo, ma qualche anno fa è stata battezzata e ha ricevuto l'eucarestia.

Il prete, un uomo affabile e pacato, è diventato il suo confidente. Giunto dal Sud del paese, vive qui da oltre due decenni e parla correntemente sia la lingua fulani sia il dialetto del villaggio. La saluta con un sorriso gentile e accogliente. Vestito di bianco come sempre, è seduto in veranda su una sdraio, la Bibbia in mano. Lei si accomoda di fronte a lui su uno sgabello.

«Baaba, sono preoccupata. È da settimane che mi avveleno la vita.»

«Pensi ancora a tuo marito?»

Kondem fa cenno di no con la mano.

«No, no, Baaba. Penso a mia figlia Faydé... cioè, a Marie.»

Baaba abbozza un sorriso.

«Puoi continuare a chiamarla Faydé senza problemi. Ma continua, raccontami. Ti ascolto.»

«Vuole andare in città come le sue amiche. Avrei voluto tenerla qui, ma come faccio? Come faccio a impedirle di lavorare, quando stiamo sprofondando nella miseria? Riesco a malapena a dar da mangiare ai più piccoli. Faydé vede le sue amiche che vivono a Maroua tornare ogni anno al villaggio con dei bei vestiti, e le borse piene di provviste. E sogna solo di andare via con loro.»

«La capisco, Kondem, e capisco anche la tua preoccupazione, ma tutto è nelle mani del Signore...»

«La città è una disgrazia! Dobbiamo tutti avere la tentazione di andarci, a un certo punto della nostra misera vita?»

Per un istante la donna rimane in silenzio, lo sguardo perso, ricordando la propria esperienza, poi riprende con voce amara: «Avevo così tanti sogni per lei. Volevo che continuasse gli studi, che trovasse un buon marito. Ma mi ha chiesto come pensavo di pagarle la scuola. E poi, come farò a crescere i miei figli da sola? Come farò a nutrirli, a vestirli, con i raccolti che vanno sempre peggio? E anche se trova un marito, come farò a provvedere al suo corredo? Così tante domande a cui non so rispondere... Ma se la lascio andare diventerà una preda in balìa dei predatori. Che ne sarà di lei?».

«Non ho risposte da darti, Kondem.»

«Ma allora cosa faccio?»

«Conosci tua figlia meglio di me. Non le hai inculcato dei princìpi? Hai parlato con lei, le hai fatto leggere la Bibbia.»

«Sì, sì, certo, padre. È una brava ragazza. Su questo, non ho nulla da rimproverarle.»

«Quindi ti puoi fidare di lei.»

«E se si facesse irretire dalla città e dai suoi datori di lavoro? E se diventasse musulmana?»

Il prete sospira. Quante volte ha affrontato questi argomenti con dei genitori preoccupati?

«Kondem, tu lo sai come la penso. Non si può costringere nessuno a praticare una religione. E nemmeno si può impedire a qualcuno di cambiarla.»

«Non sa cosa l'aspetta a Maroua» mormora Kondem.

«Ti ripeto quello che dico sempre. Non lasciamo che i rancori del passato continuino ad assillarci, non lasciamo che i fantasmi della schiavitù ci rendano ostili. Sicuramente i musulmani, o meglio i Fulani islamisti, vi hanno fatto del male in passato, vi hanno spinto sempre più sulle montagne in nome della loro religione, ma non c'è mai solo il male nelle conquiste. Se così fosse non accoglieremmo a braccia aperte gli europei, che ci hanno colonizzato con i fucili in pugno, ma ci hanno portato anche questa chiesa.»

«Baaba, anche quella gentaglia arrivata di notte che ci ha portato via i raccolti, che ha rapito i nostri giovani, che ha bruciato le nostre case, anche loro sono musulmani.»

«Se avessero agito in nome della fede, avrebbero risparmiato i loro. Invece tutti qui al villaggio hanno subìto gli stessi danni. Cristiani, animisti e musulmani. I banditi non fanno alcuna differenza quando c'è da rubare. Mandami tua figlia, perché possa benedirla e darle qualche ultimo consiglio. E tu prega, Kondem! Prega che il Signore ascolti le tue suppliche, per la felicità dei tuoi figli e per la pace della tua mente. Chi confida in Dio non smarrirà mai la strada.»

4

«Spazzare il cortile, lavare i piatti, pulire, aiutare in cucina, il bucato dei bambini, riordinare, insomma, tutti i lavoretti che ci sono da fare in casa» elenca la donna prosperosa con voce austera, mentre le dita grassocce sgranano un rosario di vetro scintillante. «Spero che tu sappia fare tutte queste cose.»

«Sì, certo, Zia. Se la caverà. E quello che non sa, lo imparerà in fretta» esclama Srafata con aria falsamente allegra.

«Non ha la lingua per rispondere da sola?»

«Sì, Zia, so fare tutto» risponde timidamente Faydé.

Le due ragazze sono sedute per terra, sulla sabbia del porticato sotto il quale vengono ricevuti gli ospiti e che si trova al centro della parte della concessione riservata alle donne. Nonostante tutto quello che le amiche le hanno detto sulla vita in città e sul suo futuro lavoro di domestica, Faydé non si sente molto sicura di sé, al cospetto di questa signora seduta su un grande tappeto e che sembra riempire da sola tutto lo spazio coperto, talmente è obesa. La donna sospira e fa una smorfia che potrebbe essere scambiata per un sorriso, quando un'altra donna, con un bambino in braccio, esce dall'appartamento di fronte. Tanto la prima è grassa, quanto la seconda sembra magra e malaticcia. Senza prestare attenzione alle due ragazzine, saluta con un cenno la prima moglie e si sistema sul tappeto.

Faydé ha subito intuito che le due donne sono co-spose. Srafata le ha parlato di loro. Conosce tutta la famiglia, ed è anche a conoscenza dei segreti più intimi dei proprietari di tutte le concessioni del quartiere. Così ha già raccontato alla sua amica tutto quello che c'è da sapere su questa famiglia presso la quale Faydé troverà lavoro, con un po' di fortuna. Srafata sa che la domestica che c'era prima non tornerà. Ecco perché si è affrettata a suggerire la sua amica come sostituta.

«Srafata, siccome so che tu lavori da un po' da Hadja Maïramou e lei sembra contenta di te, sono disposta a fare una prova con lei. Dicevi che la conosci bene, è vero?»

«Sì, Zia. È mia cugina.»

«Eh, certo! Come al solito, tutte le ragazze del vostro villaggio sono cugine o sorelle. Anche quelle che si incontrano per la prima volta qui a Maroua.»

«Ma è davvero mia cugina! Le nostre madri sono sorelle.»

La prima moglie scruta attentamente Faydé, prima di aggiungere con aria perplessa: «È strano, ma il suo viso mi ricorda qualcuno. Mi sembra di conoscerla, questa ragazza. Srafata, tu dici che è appena arrivata?».

«Sì, sì, Zia. È mia cugina, ma non è mai stata a Maroua prima di oggi. Forse somiglia a una sorella o a una cugina che vive qui.»

«Tutte le cameriere si somigliano. Non ruba, spero» esclama con disprezzo la ragazza magra. «Non sopporto i domestici con le mani lunghe.»

«No, certo che non rubo, Zia» risponde Faydé, irritata dai pregiudizi che già pesano su di lei.

Le due mogli si consultano scambiandosi un rapido sguardo, scrutano di nuovo con attenzione la ragazza e infine annuiscono.

«Puoi cominciare domani. Molto presto. E attenta a quello che fai. Non vogliamo problemi in questa casa. Mi raccomando, fatti una doccia e intreccia bene i capelli. Devi essere pulita» aggiunge la prima moglie, arricciando il naso come per esprimere tutta la sua ripugnanza per l'odore di un corpo che non potrebbe sopportare.

«Certamente, Zia» annuisce Faydé, con un lieve sorriso che nasconde a fatica il fastidio che sente salire dentro.

Glielo avevano ben detto cosa l'aspettava, ma si sente ugualmente sconcertata. E dire che si è preparata meglio che ha potuto per questo colloquio. Al mattino si è lavata accuratamente col sapone.

Ha sciolto e rifatto le trecce e, per il suo debutto in città, ognuna delle sue amiche le ha regalato un *pagne*. Quello che indossa oggi è un po' sbiadito, in effetti, ma è pulito.

«Spero che tu non abbia i pidocchi» dice la seconda moglie. «Non voglio che li passi ai miei figli.»

«No, Zia.»

«Ti daremo ottomila franchi al mese» dichiara in tono autoritario la prima moglie.

Con un sorriso, a bassa voce, Srafata replica: «Zia, forse dovreste darle un po' di più. Avrà tanto lavoro da fare».

«Se pensi che sia poco, andate a cercare da un'altra parte. Ho detto ottomila franchi perché abbiamo sempre pagato le nostre domestiche ottomila franchi. E guarda che in altre case te ne danno seimila. Pensate forse che abbiamo soldi da buttare? Prendere o lasciare. Sì o no?»

Tutt'altro che rassicurata, Faydé lancia un'occhiata a Srafata che si limita ad annuire.

«Certo, Zia, verrà da voi. So che, se sarete contente di lei, le aumenterete un po' la paga.»

«Staremo a vedere» dice la prima moglie, agitando le mani come per sottrarsi a una promessa che vorrebbero estorcerle, e che lei non è disposta a fare. «A proposito, dove dorme?»

«Con me, Zia.»

«Dove?»

«A casa di Alhadji Bakari, quella all'ultimo incrocio.»

«Oh sì, certo! La casa di mio fratello, amministrata da Ibrahima.»

«Come ti chiami?» chiede la seconda moglie, appoggiandosi su un gomito e allungandosi come una gatta prima di stendere i piedi, le cui piante sono annerite con l'henné. Poi posa il bambino accanto a sé, coprendolo con il suo secondo *pagne*.

«Faydé» risponde la ragazza.

«Faydé? Che razza di nome sarebbe? Quindi tua madre ti ha trovata così, per caso, come una monetina per strada?» insiste la seconda moglie, con una risata beffarda.

«No, Zia. Non mi hanno trovata. È stata mia nonna a darmi questo nome» aggiunge Faydé, turbata.

È la prima volta che qualcuno fa commenti sul suo nome. È anche la prima volta che lei lo collega con il significato che potrebbe avere. Faydé, nel senso di «trovata»? Ma perché sua nonna ha deciso di darle un nome così balordo? Nessun altro al villaggio si chiama così. Era da parecchio che se n'era resa conto, ma non ci aveva mai fatto veramente caso. Prima d'ora. Forse c'è una spiegazione, come sembra insinuare la seconda moglie?

«La chiamano così al villaggio. Si chiama anche Marie per la chiesa, e poi Fanta» aggiunge Srafata, inventando un nome più facile da ricordare per questa gente di città, che disprezza tutto quello che le sembra diverso. Fanta è anche il nome di una ex co-sposa, ripudiata di recente; quindi, può essere un'occasione per prendersi gioco di una che ormai non vale più della loro domestica.

Le ragazze che vogliono diventare domestiche spesso si scelgono un nome comune, che suoni familiare a chi abita in città. Se il loro nome originale è difficile da ricordare o troppo rozzo, il padrone di casa non esita a sceglierne un altro a suo piacimento. Così è diventata una regola scegliersi da sole un nome, da usare finché si lavora in città. Ma a volte si abituano così tanto al nome finto che finiscono per identificarcisi, dimenticando quello vero.

«Preferisco chiamarti Faydé. È un bel nome, fa ridere.»

«Grazie, Zia» risponde Faydé, lusingata da un complimento che forse non lo è affatto.

In quel momento una donna anziana entra nella concessione. Subito la seconda moglie si alza, si aggiusta il velo con un sorriso e si profonde in saluti, mentre spolvera una sedia di plastica per la nuova arrivata, che vi si accascia. La prima moglie, invece, quasi non si muove e si limita a salutare la nuova arrivata. L'anziana guarda con disprezzo Srafata e Faydé, poi alza gli occhi al cielo esclamando in tono secco: «Un'altra domestica! Come se mio figlio non avesse abbastanza mogli da far lavorare. Tutte pigre! Io comunque non mangerò niente che esca dalle mani di queste qua» conclude.

Poi si alza e se ne va, ignorando il saluto di Srafata che fa come se niente fosse. La ragazza si alza a sua volta, seguita da Faydé, ma di colpo sembra ricordarsi di qualcosa e si rimette a sedere.

«Zia, lo sapete, vero, che la domenica non si lavora? Andiamo a messa.»

«Come se ci andaste davvero» interviene la seconda moglie. «Sappiamo molto bene che per voi è la scusa per andare in giro a fare sciocchezze.»

«Ma no, Zia, è vero, andiamo in chiesa. Non la perdiamo mai la messa. La preghiera è importante.»

«Quale preghiera?» interrompe la prima moglie in tono sdegnato. «Cantare al suono dei tamburi, è questo che chiamate pregare? Va bene, va bene, a domani. All'alba, mi raccomando.»

È da una settimana che Faydé è arrivata a Maroua sotto la tutela di Srafata, che ha promesso alle loro madri di prendersi cura dell'amica. Una settimana così intensa che ha fatto fatica a adattarsi e ad assimilare tutto ciò che ai suoi occhi appare come una novità. Ora capisce perché era così importante al villaggio imparare fin da piccola a parlare fulfulde, il dialetto fulani, vera e propria lingua franca di tutto il Nord del Camerun. E non solo: è anche la lingua della grande città, quella che si usa per comunicare con gli altri e per lavorare.

La città è così diversa dal villaggio, così vasta e piena di gente. Anche le abitudini sono strane. In questo quartiere, dove vivono i commercianti più ricchi, due mondi si sfiorano senza mai mescolarsi. Ci sono i proprietari delle grandi concessioni, le loro mogli, i loro figli, i loro vicini, e poi gli altri, quelli che sono lì solo per lavorare, e di cui non c'è niente da sapere, a parte il servizio che sono in grado di offrire. Due mondi: i ricchi e i poveri. Da una parte quelli di città, perlopiù fulani di fede islamica, che si fanno servire; dall'altra quelli che vengono da fuori, che fanno i servi. In altre parole, quelli che danno ordini e pagano e quelli pagati per obbedire sorridendo, spesso col cuore pieno di un'amarezza che devono tenersi dentro.

Faydé ha accettato di buon grado il nuovo ritmo che le è stato imposto, perché è qualcosa che ha voluto con tutte le sue forze. Per tutta la settimana ha seguito Srafata come un'ombra, aiutandola a sbrigare i suoi numerosi lavori domestici, in modo da imparare a fare il necessario alla vita all'interno di una concessione.

«Anche al villaggio si lavano i piatti» ha fatto notare a Srafata il primo giorno.

«Sì, anche noi laviamo i piatti» ha replicato l'altra, con un ghigno, «ma i pasti al villaggio riescono mai a rendere i piatti così unti che, senza un detersivo, è impossibile sgrassarli? E poi lavare i piatti in città è più complicato. Se non stai attenta e sei maldestra, finisce che rompi i bicchieri e i piatti di porcellana. Comincia sempre coi bicchieri, così non restano appiccicosi per via della salsa.

E le pentole vanno strofinate fino a farle brillare. Certo, così si rischia di consumarle più in fretta, ma chi se ne importa. Possono permettersi di sostituirle. Capisci, Faydé?»

«Sì.»

«In città, non si spazza allo stesso modo. Non ci si accontenta, come al villaggio, di ramazzare le foglie secche e ammucchiarle in un angolo. No, bisogna passare e ripassare la ramazza, chinandosi sempre di più per livellare perfettamente la sabbia, e bisogna farlo con grazia e delicatezza per non lasciare impronte, prima da sinistra verso destra, poi da destra verso sinistra. Altrimenti i granelli più grossi finiscono tutti da una parte, lasciando quelli più fini che sono soltanto polvere.»

«Ma sulla sabbia le impronte dei passi si vedranno sempre» esclama Faydé.

«Già, ma quando succede devi ricominciare da capo. Altrimenti tutto il tuo lavoro sarà stato inutile e diranno che non hai spazzato. Perfettamente liscia, la sabbia, Faydé! Ricordati, niente impronte. E poi in città non si pulisce come al villaggio: laviamo i pavimenti piastrellati e anche quelli di cemento, e puliamo i bagni.»

In città si fanno tante di quelle cose che possono sembrare assurde, quando non le sai. Faydé è abbagliata dal comfort e dal lusso che scopre e al tempo stesso spaventata dall'idea di non saper fare le cose nel modo giusto. Si sente così goffa in confronto a Srafata, che è in grado di eseguire i suoi compiti con una destrezza sorprendente. Nel tempo in cui lei ha lavato tre piatti, Srafata ne ha già puliti dieci.

«Una cosa importante, Faydé, è che una domestica è sempre di buon umore. Non ribatte mai quando la rimproverano, sorride sempre e non è mai stanca. Quando c'è un problema, tocca a lei chiedere scusa» le ripete ogni sera Srafata, durante le veglie in cui si riuniscono le ragazze del villaggio, tutte assunte come domestiche nello stesso quartiere.

«Sì, Faydé» aggiunge Danna. «Loro hanno sempre ragione, e tu hai sempre torto. Anche di fronte a un bambino, sei tu quella in difetto. Devi capire subito che quella che si deve scusare sei tu, e tu sola.»

«Quindi non devi essere suscettibile. Proteggi il tuo cuore e ignora le male parole. Quando anche i più giovani ti insulteranno, ricordati perché sei lì. Pensa alla tua paga, e a tutto quello che ci potrai fare. Se ti viene voglia di reagire a quella che ti sembra un'ingiustizia, pensa alle persone che hai lasciato al villaggio. Pensa a come ti prenderanno in giro se torni a casa a mani vuote, perché sei stata l'unica a non avere abbastanza carattere per riuscire a vivere e lavorare in città.»

«Le regole di base sono semplici, meglio impararle subito se non vuoi avere guai. Apri bene le orecchie e ascolta con attenzione quello che ti dicono, perché non te lo ripeteranno. Loro sono i padroni, e tu devi rispettarli come tali. Non sederti mai accanto a loro, mettiti in un angolo. Se loro sono in poltrona, tu rimani sul tappeto. Se sono su una stuoia, siediti sulla sabbia. Se noti che hanno un posto preferito, anche se è sotto un albero, tu stacci alla larga. Tranne che per pulirlo, naturalmente.»

«Abbassa gli occhi quando vedi il loro uomo. Che sia vecchio o giovane, tu evitalo, non rivolgergli mai la parola. Se lo devi salutare, resta a distanza e fagli un inchino. E non aspettarti che ti risponda. Tu non hai bisogno che ti risponda, sei solo una domestica, quindi stai al tuo posto.»

Faydé sospira. Come ricordarsi tutte queste regole senza sbagliare?

«Lo capirai in fretta qual è il tuo posto. Ci siamo passate tutte. E poi, alla fine, sono le stesse regole che ci sono al villaggio. Sai come ci si comporta davanti al re? Qui è uguale. Perché loro sono tutti re, regine e principi.»

«Non sono tuoi amici. A malapena dei conoscenti, anche quando sembra che ti apprezzino. Perché se ti apprezzano, è solo per il lavoro che fai. Solo per quello. Magari usano qualche parolina dolce, ma è solo per sfruttarti meglio. Quindi non ti ci affezionare, a loro. Non sono la tua famiglia e non ti considereranno mai una di loro, non importa quanto tempo ci passerai insieme. Li hai mai visti, al villaggio? Al primo sbaglio, ti cacceranno via malamente.»

«Ti sei resa conto che tutti quelli che lavorano in questo quartiere, uomini e donne, vengono dal nostro villaggio? Non dimenticartelo! Dobbiamo stare tutti molto attenti per impedire che qualcun altro si intrometta in questa zona, è nostra! Appena si libera un posto, lo deve occupare uno o una di noi. Non bisogna lasciare spazio agli intrusi, Faydé, e soprattutto non dobbiamo mai tradirci tra di noi. Lo capirai più tardi perché dobbiamo controllare il nostro "territorio". Nessun domestico di un altro villaggio, o peggio ancora di un'altra etnia, ci si deve anche solo avvicinare!»

Una decina di ragazze stipate nella stessa capanna, tutte dello stesso villaggio. Quando arriva il mattino, si disperdono nelle varie case in cui lavorano. La sera tornano alla capanna e parlano fino a tarda notte, quando la stanchezza della giornata ha la meglio anche sulle più indomite. Quelle che hanno la fortuna di lavorare nelle concessioni più ricche portano da mangiare gli avanzi che i padroni rifiutano, ma che per loro rappresentano un autentico banchetto.

Faydé è riuscita a trovare un posto come domestica appena una settimana dopo il suo arrivo. Ed è una buona casa, standο alle altre ragazze.

«Per una domestica» spiega Srafata «una buona casa è quella dove le padrone non sono sempre lì a gridare, dove non ci sono troppi bambini, dove ci sono anche altre domestiche così non sei sovraccarica di lavoro, dove il marito ha abbastanza soldi e non rischi di essere pagata in ritardo...»

«È una casa dove si mangia bene» interviene ridendo Danna. «Se non ti danno abbastanza da mangiare, meglio lasciar perdere. Qui in città fai presto a ridurti pelle e ossa, con tutto quello che c'è da fare.»

«È una casa dove non si preoccupano più di tanto degli avanzi, di quanto sapone adoperi e soprattutto della spesa» riprende Srafata, e ride anche lei. «In pratica, quindi, le case migliori sono quelle dei commercianti. Le case dei dipendenti pubblici, dove le mogli sono istruite, sono meno generose, e quelle dei *gadamayo*, quelli che vengono dal Sud, sono un disastro. Magari ti pagano di più, ma non c'è nessun extra. Meglio una paga più bassa, ma con qualche possibilità di arrotondare in più.»

«I *gadamayo* stanno molto attenti col sapone, e persino con l'acqua. Guai a sprecare! Da loro non si lavora bene» aggiunge Bintou, con un mezzo sospiro sdegnoso.

Sembra piuttosto pratica della questione. L'ha sperimentato a sue spese l'anno scorso, quando ha lavorato da un funzionario *gadamayo*. La pagavano il doppio delle sue amiche, ma quanta pressione! Oltre a una quantità di lavori dei più ingrati, non poteva mangiare a sazietà né farsi il bucato e nemmeno andare al mercato, poiché la padrona era libera di farsi la spesa da sola e gestiva i suoi soldi fino all'ultimo centesimo.

«Se non altro, sono meno altezzosi e hanno meno pretese.»

«Sì, certo» dice Bintou. «Non ti insultano, ma cosa importa se non hai abbastanza da mangiare, e non puoi neanche contare su qualche piccolo extra? È come andare in fabbrica o in ufficio, un lavoro a tempo pieno, e questa è la cosa peggiore. Perché tu non puoi uscire, non puoi andartene prima che faccia notte anche se non c'è niente da fare, non puoi invitare le tue amiche. È una prigione!»

«Ma c'è di peggio dei *gadamayo*, ci sono i traffichini e i nuovi ricchi. I primi possono a malapena permettersi una domestica, così tu ti ammazzi di lavoro e hai meno da mangiare che al villaggio. Quanto agli altri, sono arroganti e presuntuosi, e a volte ti trattano male. Alcuni arrivano anche a picchiarti. Visto che hanno fatto i soldi, pensano di poterti comprare e trattare come una schiava.»

«Esatto! Sono quelli che più facilmente potrebbero spingerti in un angolo e cercare di approfittarsene – se capisci cosa intendo. E smettila di guardarmi con quegli occhioni, Faydé, non ti succederà niente» aggiunge Danna, scoppiando a ridere davanti allo sguardo incredulo e terrorizzato dell'amica. «Imparerai in fretta a starci attenta.»

«Perché vuoi spaventarla? È appena arrivata, è il suo primo lavoro. Non starla a sentire, Faydé. E comunque, una buona casa è quella con le toilette di fuori, dove hai acqua a volontà e soprattutto, ogni tanto, puoi guardare la televisione.»

«Voi cosa preferite, ragazze? La casa di un *gadamayo*, o quella di uno dei nostri che ha fatto fortuna?» chiede Bintou.

«Se conosci uno dei nostri fratelli che ce l'ha fatta, evita anche solo di passarci, davanti a casa sua. Ti farà lavorare gratis e ti tratterà male – peggio di chiunque altro. Non esiterà a insultarti, a parlare male di te ai tuoi genitori, e passerà il tempo a rinfacciarti ogni centesimo che ha speso per te. No, no e poi no! Questo è proprio il tipo di casa da evitare, da evitare assolutamente» conclude Danna. «Meglio crepare al villaggio.»

«Assolutamente da evitare» ribadisce Srafata. «L'ho sperimentato sulla mia pelle quando sono arrivata a casa di un cugino di mia madre, e avevo appena dieci anni. Era un insegnante, e aveva promesso di darmi un'istruzione. Avevo così tanti lavori domestici da fare che non ci ho mai neanche messo piede, a scuola. Ogni volta che veniva al villaggio si lamentava coi miei genitori che ero un'ingrata, che ero pigra, che mi comportavo male e andavo in giro. Dopo tre anni da galera così, me ne sono andata senza lasciargli detto dove. Non metterò mai più piede in casa sua o nel suo quartiere, mai e poi mai. Per causa sua abbiamo avuto così tante discussioni in famiglia che mia madre se l'è presa con me, per aver messo zizzania tra lei e suo fratello, il padre dell'insegnante.»

«Hai ragione, Srafata. Non si può lavorare dai parenti, né a casa di gente che ha a che fare col villaggio. Siamo qui per guadagnare il più possibile e mettere da parte un po' di soldi.»

«Giusto, brava. Ah, una buona casa è una dove non ci sono donne anziane. Le vecchie possono essere una vera rogna» aggiunge Bintou, ridendo di gusto.

«Però, Bintou» dice Srafata «una casa con una vecchia è comunque meglio di una casa con delle ragazze giovani. Si credono delle principesse e ti danno ordini come se tu fossi la loro serva personale, e ti insultano come e quando gli pare.»

«Le case peggiori sono quelle dei fissati con la religione, quelli che ti promettono le fiamme dell'inferno ogni due minuti, come se fossero loro i guardiani. E di solito, quelli fissati con Allah sono anche fissati col sesso. Continuano a maledire il tuo corpo, e intanto non ti levano gli occhi di dosso.»

«Sì, sono le case peggiori. E lì te la sogni, la televisione!»

«Anche quando ce l'hanno, è per seguire tutto il giorno le preghiere alla Mecca. E passano il tempo a cercare di convertirti all'Islam. L'ho sperimentato l'anno scorso da Maalam Souley. Era un posto così tremendo che sono scappata via, anche se non sapevo dove altro andare.»

«E una casa con qualche bel ragazzone, Bintou?» dice Srafata, con un'occhiata complice all'amica che ha sempre avuto un debole per i suoi giovani padroni.

Bintou sembra non cogliere l'allusione.

«Puoi essere contenta, Faydé. Hai trovato una buona casa. Vedi di approfittarne, e soprattutto di tenerti il posto il più a lungo che puoi.»

5

«Passare e ripassare la ramazza, chinandosi sempre di più. Con grazia e delicatezza, per non lasciare impronte sulla sabbia. Da sinistra verso destra e poi da destra verso sinistra, ancora e ancora.»

Faydé, coscienziosa, ha iniziato molto presto. Ma come si fa a evitare di lasciare impronte nella sabbia quando gli altri passano di continuo nei punti già spazzati?

«Faydé, sbrigati. Non metterci tutto il giorno. Ci sono anche gli appartamenti da pulire e i piatti da fare entro la mattina.»

«Sì, Zia.»

Una mezz'ora dopo, quando ha sbrigato la sua prima incombenza, Faydé trova la prima moglie nel porticato. La concessione sembra tranquilla, i bambini più grandi sono pronti per andare a scuola. Una bambina si avvicina a Faydé e la scruta con attenzione.

«Come ti chiami?»

«Faydé.»

«Sei la nostra nuova domestica?»

«Naïma, è ora, se arrivi in ritardo il maestro ti punirà» la interrompe la madre con un sorriso.

Senza chiedere altro, la ragazzina se ne va, subito seguita da altri bambini.

La prima moglie, anche oggi col rosario in mano, si rivolge a Faydé: «Ora ti spiego tutto, così non perdiamo tempo. E cerca di stare attenta e imparare alla svelta, perché detesto gridare e rimproverare la servitù, ma soprattutto non ho l'abitudine di ripetermi. Perché sei qui lo sai, vedi di non farti dire le cose più di una volta. In questa casa io sono la *daada-saaré*, la prima moglie. Sono io che comando e controllo tutto. Mi chiamerai Diddi. Questa è casa mia» aggiunge, con un cenno verso l'appartamento che sembra più spazioso. «La seconda moglie» e indica l'appartamento accanto «la chiamerai Nenné. In questo momento non c'è. Quella che hai visto ieri, l'altra, puoi chiamarla Ayya. Hai capito bene?»

«Sì, Diddi.»

«Devi sempre pulire prima il mio appartamento, poi quello di Nenné, infine quello di Ayya. Mai il contrario, ricordatelo bene! Mettiti in testa che la tua padrona e la madre di tutta la famiglia sono io. Hai capito?»

«Sì, ho capito.»

«La parte di concessione di nostro marito Alhadji non ti riguarda. A parte il cortile, che dovrai spazzare ogni mattina – e in silenzio, per non disturbarlo. Poi laverai i piatti nell'angolo là in fondo, dove troverai sapone e detersivo. Se non ce n'è lo dovrai chiedere a me, e solo a me. Se non ci sono io vai da Nenné, e se non c'è neanche lei, puoi andare... dall'altra.»

«Sì.»

«Non sei qui per spettegolare o riportare ad altri quello che senti a casa nostra. Quando si vive in una grande casa, bisogna imparare a tacere. Ma tu mi sembri una ragazza intelligente, non è così?»

«Sì, Diddi.»

«Quindi, se vedi o senti qualcosa che ti turba, è a me che lo devi riferire, perché qui sono un po' come tua madre. Capisci cosa intendo? Se hai qualche problema, è sempre con me che ti puoi confidare. D'accordo?»

«Sì, certo, Diddi.»

«Ora torno a letto. Quello che devi fare prima che mi alzi per la colazione lo sai. Se hai qualche dubbio, chiedi a Biri. È l'uomo all'ingresso, quello che sta lavando la macchina di Alhadji. Sarà sicuramente un tuo cugino anche lui.»

Si alza con qualche difficoltà e poi, prima di varcare la porta, aggiunge: «Non dimenticare di spazzare il porticato e di pulire bene il tappeto».

Dopo due ore di fatica, Faydé finisce di fare le pulizie. Deve passare alla seconda incombenza, quella che teme di più: lavare i piatti.

Faydé non ne ha mai visti così tanti. Piatti, bicchieri, piattini, pentole, ammucchiati alla rinfusa in un enorme lavandino. Altri sono appoggiati per terra, alcuni anche con resti di cibo. Ma come si possono usare così tante stoviglie in un giorno solo? Quante persone ci sono in questa concessione? E tutto quelle buone cose sprecate poi... Come si fa con l'acqua? Srafata le ha fatto vedere come girare un rubinetto, ma questo è diverso.

Timidamente, Faydé va da Biri, ancora impegnato a lucidare la carrozzeria già lucida.

«Salve, Biri. Sono la nuova domestica.»

«Ehi, ciao! Come ti chiami?»

«Faydé.»

«Faydé? Che strano nome! È il tuo nome vero o l'hai inventato per venire in città, così non te ne davano un altro?»

«Ehm... È davvero il mio nome.»

«Mai sentito prima. In che lingua è?»

«Faydé, come Fayderé. Credo che significhi "trovata" in lingua fulani.»

«Una trovata? Be', è originale.»

Colpito dal nome, sorride e poi si mette a ridere come un matto continuando a ripetere «Faydé», con grande fastidio della nuova arrivata. Lei proprio non capisce cosa ci sia di così divertente nel suo nome.

«Faydé, che trovata! Francamente, nemmeno i fulani hanno mai pensato di dare ai loro marmocchi un nome così... originale e autentico. No, ah ah ah, è troppo buffo! E qual è il tuo vero nome là al villaggio?»

«Te l'ho appena detto, è davvero Faydé. Ho anche il nome che mi hanno dato in chiesa, che è Marie.»

«È meglio, Faydé. Così tu sei la nuova domestica al posto di Sala?» chiede, asciugandosi le lacrime per il troppo ridere.

«Sì.»

«Una ragazza carina, Sala, ma si è messa nei pasticci. Sapevo che qui non sarebbe durata. Pare che sia andata a Douala. Sua zia gestisce un ristorante lì, così mi hanno detto. Ah, sono contento per lei, eh. È una bella cosa andare a stare a Douala. Ho sentito dire che quella è una vera città. Anch'io me ne andrò presto. Là ci abita mio fratello e mi ha detto di raggiungerlo, che lì si vive meglio.»

«Sì, benissimo. Biri, io non so usare il tubo da dove esce l'acqua.»

«Ah, il rubinetto. Andiamo, Fayderé mia.»

Ride di nuovo con un pizzico di malizia e getta lo straccio in un angolo, prima di dirigersi verso il lavandino, con la ragazza alle calcagna. Alza la leva del rubinetto e l'acqua limpida e fresca comincia a scorrere.

«Hai capito? Verso l'alto per aprire, in basso per chiudere.»

«Ah, d'accordo! Nella casa dove lavora mia sorella bisogna girarlo.»

«Non c'è un unico modello, come vedi. Dove lavora tua sorella?» chiede curioso.

«Nella grande casa gialla prima dell'incrocio.»

«Ah, ma è Srafata! Allora anche tu stai vicino alle montagne. Srafata è una bravissima ragazza. Strano che non ci siamo mai incontrati al tuo villaggio. Quando sei arrivata?»

In modo del tutto naturale Biri è passato al loro dialetto, al posto del fulani che parla di solito.

«Questa settimana.»

«Si vede che sei nuova. Tranquilla, te la caverai bene. A patto di sgobbare e, soprattutto, di saper tenere la bocca chiusa. *Kirip*» dice, fingendo di stringere le labbra tra due dita. «Tu non hai visto niente, non hai sentito niente, non sai niente. Hai capito, Faydé?»

«Sì, sì, ho capito. Non ti preoccupare.»

«Dammi retta, se non vuoi metterti nei guai. Sono in questa casa da più di cinque anni, so come funziona. Se sei intelligente, te la caverai. È una buona casa. Meglio, comunque, di molte altre. Il padre è un uomo rispettabile. Quanto alle mogli... La terza è una strega, ma la prima è gentile. Molto esigente, ma generosa. La seconda è come se non ci fosse. Stai attenta soprattutto ai fratelli del padre, alla sorella e anche alla madre.»

«Sua madre?»

«Vive anche lei nella concessione, là in fondo. La vedrai ogni giorno.»

«Va bene. A proposito, Biri, Diddi mi ha detto che qui c'erano sapone e detersivo, ma io non li vedo.»

Faydé ha deciso di tagliare corto con i commenti del suo nuovo amico, che sembra fin troppo loquace. Se lo lascia fare, non la smetterà più di chiacchierare.

Biri le risponde indicando qualcosa con un dito.

«È lì il sapone, in quella bottiglia.»

«Liquido così?»

«Sì, è quello che lava meglio.»

«Grazie, ho capito.»

«Prova!»

Faydé non fa in tempo ad afferrare maldestramente un piatto che le cade di mano, e si frantuma per terra. Subito guarda con timore Biri, che scuote la testa e raccoglie in fretta i cocci.

«Li nascondo io da qualche parte, tu zitta. Se rompi qualcosa e nessuno ti vede, falla sparire subito… ma non nella spazzatura! Se si accorgono che manca, tu non sai nulla. Tu quel piatto lì non l'hai mai visto. Magari puoi anche alludere al fatto che forse sono stati i bambini a romperli. È così che funziona!»

Faydé si dimostra un'ottima allieva. Tempo una settimana ha già capito perfettamente com'è organizzata la concessione, e si è integrata nella vita della famiglia. Ogni giorno arriva all'alba, spazza il vasto cortile, poi si prende un momento per chiacchierare con Biri, che è sempre di buon umore. Dopo i piatti, che continuano a essere una quantità esorbitante ma di cui ormai si sbarazza con efficienza, ha diritto a una piccola pausa, quando le signore si alzano – a meno che non sia il suo turno e debba servire la colazione. A Faydé, come a tutte le altre, è concesso un pezzo di pane che intinge nel sugo di carne rimasto. Che delizia! E poi del tè ben zuccherato, una tazza piena. Come le piacerebbe condividere questo pasto con i suoi fratelli e sorelle rimasti al villaggio, che per la colazione non hanno altro che gli avanzi del giorno prima. Quando vede una parte del cibo finire nella spazzatura, le si spezza il cuore.

Ha imparato a fare le pulizie, sulle quali nessuno le fa più osservazioni. Si occupa anche di tutte le faccende che competono alla servitù. Portare il mais, il miglio o il riso a macinare le dà l'opportunità di chiacchierare con le amiche, che vengono al mulino del quartiere per lo stesso motivo. Capita ogni tanto che escano anche dieci volte nel corso di una giornata, per comprare quello che serve nella loro concessione ma di cui qualcuno si ricorda solo all'ultimo momento: dadi Maggi per la cucina, caramelle per i bambini o compresse di paracetamolo. È l'occasione per scambiare gli ultimi pettegolezzi, prima del grande sfogo serale.

Ma il momento che Faydé aspetta con più trepidazione è la spesa al mercato. Alle donne di casa non è permesso uscire, soprattutto per andare al mercato, e sono gli uomini a fare la spesa. Ma quando si tratta di verdure o condimenti, sono sempre le domestiche a occuparsene. Quanto le piace, a Faydé, passeggiare tra le bancarelle! Sono così tante le cose da vedere e da annusare che le manca il respiro. E poi si sa, che quando ti mandano al mercato è un'occasione d'oro per arrotondare la paga. La prima volta è rimasta scioccata nel vedere Srafata contrattare sui prezzi e poi, finita la spesa, passarle qualche moneta.

«Srafata, ma questo vuol dire rubare!»

«No, vuol dire farsi furbi! Non stiamo rubando, ci stiamo arrangiando. Hai comprato tutto quello che ti hanno chiesto, e va bene così. Se sei riuscita a risparmiare qualche moneta, te la tieni. Vedrai, qui in città le tue spese raddoppiano. Scoprirai di aver bisogno di cose che al villaggio neanche sapevi che esistevano, e la tua paga non deve andarsene tutta solo per sopravvivere.»

La sera, prima di tornare dal mercato al calar del buio, Faydé si fa una doccia nei bagni all'esterno. Sono a disposizione degli ospiti di passaggio e della servitù, e una scheggia di sapone non manca mai. Dopo aver lavato i panni dei bambini più piccoli può lavare anche i suoi senza che la padrona abbia da ridire, purché non li stenda sullo stesso filo usato per la biancheria della famiglia. Pazienza, va bene anche stenderli sulla sabbia!

Poi Faidé cena e, come tutti i bambini, guarda la televisione seduta in un angolo dell'uno o dell'altro appartamento delle mogli, con una netta preferenza per quello di Diddi. Non ci mette molto a capire le storie delle serie indù e delle telenovelas di cui vanno pazze anche le altre domestiche e, come loro, aspetta con impazienza la puntata successiva.

Faydé sboccia e mette su un po' di carne. La giovane e fragile adolescente arrivata in città goffa ed esitante sta emergendo dalla crisalide, e a poco a poco guadagna fiducia in se stessa.

6

Faydé si è adattata alla sua nuova vita e ora si muove tranquilla e sorridente nel dedalo di vie del Grand Quartier. Come tutte le sue amiche, si sente come se stesse vivendo una doppia vita, come se fosse due persone allo stesso tempo, molto diverse l'una dall'altra. Lei è Faydé la domestica, perfettamente integrata nella famiglia di cui condivide la vita quotidiana. Ma è anche la vera Faydé, quella che quando scende la sera getta la maschera e ritrova la miseria, ma anche la gioia di vivere di tutti i giovani in cerca di una vita migliore. Diventa allora di nuovo Faydé, la giovane donna sulle cui fragili spalle poggia la speranza di un'intera famiglia, che dipende dal suo coraggio e dalla sua dedizione. La figlia su cui fa conto una madre disperata, che aspetta paziente alla fine di ogni mese il misero gruzzolo di denaro mandato dalla città.

Quando chiude gli occhi al calar della notte, il corpo spezzato dalla fatica, Faydé ripensa ai campi bruciati dal sole, al granaio vuoto e al focolare disperatamente spento perché non c'è più nulla da cuocere. Pensa a suo padre, l'uomo amorevole che adorava i suoi figli e che non li avrebbe mai abbandonati di sua spontanea volontà, ne è certa. Dove può essere? È ancora vivo? Ne sente la mancanza. Rivede i suoi fratelli, che nonostante le pance vuote si pigiano pieni di speranza in una misera aula per imparare i rudimenti di una cultura occidentale a loro estranea, nel tentativo di migliorare la loro condizione sociale. Ben sapendo che non saranno mai in grado di arrivare in fondo al ciclo gli studi, sempre che continui a esserci. Ricorda anche la smorfia furente del droghiere, quando sua madre la mandava a comprare sapone o fiammiferi a credito. Pensieri che le danno la forza di continuare a guadagnarsi la paga che permetterà alla sua famiglia di tirare avanti, e la furbizia per accumulare il più possibile in vista del ritorno. I sogni di Faydé non vanno mai oltre il giorno in cui tornerà al villaggio carica di ogni bendidio, per veder accendersi le stelle negli occhi delle persone care.

La Faydé di giorno, sempre dinamica e sorridente, si dedica fin dal mattino alle faccende domestiche, aggirandosi tra le tante ricchezze che i padroni danno per scontate. Mette in ordine il soggiorno, allinea i cuscini sui morbidi divani e spolvera delicatamente i soprammobili, lei che prima non aveva conosciuto altro che una capanna di terra battuta con un tetto di paglia. Ravviva i pesanti tappeti, pulisce i pavimenti fino a farli diventare a specchio, rifà i letti e tira le lenzuola, evitando le pieghe – il che le sembra strano, dato che ogni notte si sdraia per terra, felice di avere una stuoia da stendere accanto alle sue compagne.

Lava i piatti, che non smettono mai di accumularsi. Poi fa il bucato. I bambini si vestono la mattina prima di andare a scuola, si cambiano quando tornano e poi quando vanno a letto. Quando mangiano un mango e fanno gocciolare il succo su una maglietta che hanno indosso da un'ora, si cambiano subito. A volte, per decidere come vestirsi, rovesciano il contenuto dell'armadio sul pavimento e non si preoccupano di rimetterlo via. Nessuno li rimprovera. E pazienza per chi deve rimettere a posto tutto o rifare il bucato.

«Faydé, raccogli i vestiti! Faydé, vieni a spazzare il soggiorno: i bambini hanno di nuovo sparso sabbia dappertutto. Faydé, vieni, che ti mando al negozio. Naïma vuole un biscotto, vai con lei. Faydé, non ci sono più tazze pulite. Hai lavato i piatti, oggi? È un'ora che ti chiamo, vieni a spazzare il mio soggiorno? Come sei lenta! Faydé, vieni a girare la zuppa così non si formano grumi. Faydé, dov'è la mia bambola? L'ho lasciata qui quando sono andata a scuola. Faydé, Faydé, Faydé...»

Davanti agli insulti si chiude in se stessa, impassibile mentre sente certi commenti sprezzanti su di lei, o sul villaggio da cui proviene. Non si scompone nemmeno di fronte al disprezzo dei bambini, che non appena lei si rifiuta di cedere ai loro capricci le ricordano subito che è solo una domestica. E neanche reagisce alla violenza della terza moglie, che una volta è arrivata a darle una manata sulla testa perché era convinta che avesse tagliato male le verdure. Ha anche imparato a controllarsi di fronte al disprezzo appena dissimulato della nonna, che di tanto in tanto la chiama «*kaado*». E un giorno la nonna le ha fatto una bella scenata, perché l'ha sorpresa a bere da un bicchiere. Come si permette una *kaado* di adoperare le stoviglie di casa?

Kaado è un termine dispregiativo per designare «coloro che non sono Fulani», o meglio che non si identificano come tali. Implicitamente, la parola si riferisce a tutti quelli della cosiddetta classe «inferiore».

Molto prima dell'arrivo dei coloni occidentali e cristiani, il popolo Fulani – anche se non se ne fa vanto – ha partecipato alla tratta degli schiavi, conquistando tutta la fascia del Sahel con la forza della spada, nel nome di una pretesa jihad, fino a diventare il più potente e il più ricco; ecco perché i Fulani vedono tutti gli altri popoli come inferiori.

Ma se i domestici si possono impunemente trattare da *kaado*, nessuno oserebbe chiamare così uno che Fulani non è ma ha un'istruzione, o è abbastanza benestante da non dover lavorare o dipendere da altri.

Il sostantivo *kaado* è seguito di solito dall'aggettivo *meere*. Un *kaado-meere* non è niente. Quindi un non-Fulani, tanto più se viene da un villaggio, non è nessuno. E un *kaado-meere* non è musulmano, il che è ancora più grave. Infatti, alla parola *kaado* si aggiunge *kefero*, «miscredente». Anche se è cristiano, rimane comunque un miscredente.

Quando un *kaado* muore, si dice che «È morto! *O waati!*», come quando muore un animale, e non «*O maayi!*» come per un essere umano. Di conseguenza, un *kaado-meere* e per di più *kefero* è considerato di fatto un animale. Se abbraccia l'Islam diventa un *silmoudo*, un «convertito», e si integra nella comunità islamica Fulani con cui si identificherà, per cercare di far dimenticare le sue origini. Ma alla minima occasione gli verrà ricordato che è nero... anche se a ricordarglielo sarà un mezzo Fulani più scuro di pelle di lui!

Perché un *kaado* è anche un *bilkiijo*, un «ignorante», per non dire apertamente un «selvaggio». E il fulani parlato da un *kaado* è *bilkiiré*, perché chi non è Fulani non può naturalmente cogliere tutte le sottigliezze di una lingua così complessa.

Dopo una dura giornata di lavoro Faydé è esausta, ma ben lieta di raggiungere le sue amiche. Come al villaggio, ragazzi e ragazze si ritrovano in cortile e parlano in dialetto, non solo per nostalgia, ma anche per essere sicuri che nessun orecchio indiscreto – e cittadino – possa comprendere il contenuto non sempre benevolo dei loro discorsi. Per una paga misera, ma in grado di migliorare la vita quotidiana, possono anche accettare di essere dei *kaado* e delle *kaado* di giorno e lasciarsi trattare di conseguenza, perché i più ricchi sono sempre i più forti. Ma la sera si sfogano nella loro lingua e sputano fuori tutte le infamie di chi si crede superiore a loro, restituendo al mittente ogni frustrazione e ogni insulto.

«Alhadji Bakari ha un'amante. Si vede con la sorella della sua seconda moglie.»

«Lui, sempre col rosario in mano, che ogni giorno va alla moschea a fare la parte del devoto! E intanto sventola il suo pistolino moscio anche fuori dal matrimonio.»

«E la sua seconda moglie che disprezza tutti, così piena di boria? Ieri mi ha insultato, mi ha detto: "Sei una *kaado*, quindi sei una puttana!". Be', si dà il caso che la puttana è sua sorella, che non è *kaado*! Le sta proprio bene.»

«Come fai a sapere che il suo pistolino è moscio? Hai controllato?»

«Perché me lo chiedi con quel sorrisino? Di' piuttosto che sei tu che lo sai! E comunque, a me hanno detto che ce l'ha moscio. In generale, quelli che ce l'hanno moscio amano le donne, anche se non ci possono combinare un granché.»

«Nella mia famiglia la terza moglie ha seppellito un *gris-gris*, un amuleto, davanti alla porta della seconda. L'ho vista io, era mattina presto ed ero appena arrivata. Hanno sempre il nome di Allah sulle labbra, ma sono tutte streghe!»

«Sapete che il dongiovanni della casa di fronte, dopo aver messo incinta una studentessa straniera, adesso va a letto con la sua vicina, quella baciapile ipocrita che va sempre in giro a occhi bassi?»

«Mounira? Ma non si deve sposare tra poco?»

«E allora? Fuori fa la santarellina, ma in privato... Naturalmente, dopo il matrimonio diranno che era vergine e pura.»

«Non è una *kaado*, lei! Anche se scopa, non è una puttana come noialtre.»

«Di certo Dio ha creato per loro una vagina speciale, che si richiude dopo ogni rapporto.»

«*Bappa Djam*, che è così perbene e si veste sempre di bianco, beve alcolici. E la sua ragazza è una *gadamayo* del Sud. Da notare che lei, studentessa, ha un amico delle parti sue che la viene a trovare non appena il signor Perbene se ne va.»

«Che importa, se sono adulteri o se bevono alcol di nascosto? Loro pregano, e Dio l'inferno l'ha creato solo per gli altri.»

«Le due mogli della mia casa oggi hanno litigato di brutto, e siccome facevano troppo baccano il marito le ha picchiate entrambe, e ha minacciato di prendersi una terza moglie per calmarle. Io me la sono data a gambe subito, per non buscare la mia parte. Ma sono stata così contenta di vederle scendere dal piedistallo! Secondo me per loro il peggio, più che le botte, è la prospettiva di veder arrivare una nuova rivale. Mi sa che dovremo stare attente a non toccare gli avanzi del vecchio, se non vogliamo mandar giù anche quello che loro due ci verseranno dentro di sicuro.»

È così che si viene a sapere tutto di tutti. Ma tutti sanno che i segreti devono restare segreti, se non si vuole finire nei guai. E poi, chi se ne importa? La vita dei ricchi interessa solo ai ricchi. Di giorno tocca abbassare lo sguardo, chiudere gli occhi e, soprattutto, tenere il becco chiuso.

A ognuno il suo destino e le sue storie.

7

La stanza è immersa in una cupa tranquillità. La serata è appena iniziata, ma c'è un insolito silenzio. Capita che il sabato sera i giovani siano eccitati, decisi a sfruttare la libertà a cui hanno diritto per il resto del fine settimana. Faydé, sola nella stanza, fa un sospiro. Avrebbe dovuto trattenersi di più sul posto di lavoro a guardare la televisione. Si sta facendo tardi e nessuna delle sue compagne è ancora tornata. Dove sono andate a finire tutte quante?

La stanza, come le altre quattro della concessione, è molto semplice: quattro pareti, un tetto di latta arrugginito dal tempo, una finestrella e una porta di legno. Niente vernice, nessuna finitura. È qui che vivono Srafata, Danna, Bintou, Fanta, Doudou e Faydé. Non ci sono mobili, solo stuoie gettate sul pavimento di terra battuta. Quelle con maggiore anzianità si sono potute permettere un materasso, che al mattino appoggiano al muro per fare spazio. Tutte hanno borse e vecchie valigie, dove custodiscono gelosamente i loro averi. In un'altra stanza è stipata una famiglia con tre bambini piccoli; nelle ultime due alloggiano diversi giovani.

Stasera non si fa festa, nel grande cortile. C'è solo la madre di famiglia, come al solito intenta a cullare il suo bambino che non smette di piangere. Gli altri due figli, più grandicelli, saranno andati a guardare la televisione in una concessione vicina o a giocare con qualche amico. L'assenza del padre, in compenso, non è certo una sorpresa: ha l'abitudine di dormire fuori e sparisce anche per giorni interi, soprattutto verso la fine del mese, il che provoca spesso discussioni infinite tra i due coniugi.

Faydé se ne sta sola ad annoiarsi, quando sente la voce della madre, implorante: «So bene che è il momento di pagare l'affitto e siamo già in ritardo. Parlerò col padre dei miei figli. Sono sicura che pagherà il mese intero, questa volta».

«Sarà meglio per voi, se non volete che vi mandi via. Ho già aspettato fin troppo, non approfittate della mia bontà» replica una voce maschile.

Faydé sbircia fuori dalla sua stanza e riconosce Ibrahima, il custode della concessione dove abitano tutte loro. Il *boubou*, la lunga tunica azzurra, lo fa apparire ancora più alto e imponente.

Il custode è sempre più in collera, mentre la donna cerca di farsi ancora più piccola.

«Non sono mica qui per fare la carità, io. È così che tu e il tuo uomo mi ringraziate per il mio buon cuore? Potevo anche non affittarvela, questa stanza. L'ho fatto perché volevo aiutarvi, ma adesso state esagerando» grida infuriato.

Poi scorge Faydé e la chiama: «Ehi, tu! Vieni un po' qua. Chi sei? Non ti conosco. Cosa ci fai qui?».

«Sono la sorella di Srafata» risponde Faydé, avvicinandosi cautamente.

«È mia sorella, Ibrahima» conferma Srafata, che è appena rientrata e sembra di ottimo umore.

«Ah, eccoti qua! Ce li hai, i soldi dell'affitto? E non provare a dirmi che non vi hanno pagate, ché non sono dell'umore giusto» brontola l'uomo, minaccioso.

«Ma no, Ibrahima, noi ragazze siamo in regola, lo sai. Paghiamo sempre e siamo serie» risponde Srafata, porgendogli una banconota.

L'uomo la intasca e guarda con sospetto Faydé, prima di dire: «Quale sorella è, questa? Conosco tutta la tua famiglia, lei da dove salta fuori?».

«Viene dal villaggio. A dire il vero è mia cugina, ma non ti preoccupare, è una ragazza seria e lavora sodo. E poi è un aiuto in più per pagarti l'affitto. Sai che Sala se n'è andata, no? Ecco, lei prende il posto di Sala. A proposito, Ibrahima, tu lo sai, vero, che il tetto è bucato, e siamo quasi alla stagione delle piogge?»

«E allora? Non penserai mica che mi metta a

fare dei lavori! Non dovete fare altro che spostare le stuoie e mettere una bacinella nel punto dove gocciola, e siete a posto. Se non ti va bene, te ne puoi anche andare. Spero che tu abbia spiegato a tua sorella le regole della casa. Non voglio problemi. Niente alcol, niente risse e soprattutto niente sesso. Mi hai sentito, novellina?»

«Sì, Ibrahima, ti ha sentito. È una brava ragazza, e dall'alcol sta alla larga.»

Il custode si volta e se ne va senza rispondere. Faydé segue la sua amica nella stanza, con una domanda sulla punta delle labbra: «È lui il padrone di casa?».

«Lui?» ride Srafata. «Certo che no. Lui è solo l'amministratore, quello che la gestisce. La casa è di Alhadji Bakari, il ricco commerciante che ha una grande concessione all'angolo della strada. Ibrahima è il figlio adottivo, da quando è diventato musulmano, ma è sempre uno del villaggio. Non farti ingannare dai suoi modi burberi, è un uomo di buon cuore. Grazie a lui abbiamo un posto dove vivere in questa città, e questo è diventato anche un punto di passaggio per tutti i nuovi arrivati, o per quelli che si fermano solo per qualche giorno.»

«Gli è andata bene, a quanto pare. E non è più un domestico.»

«Una volta lo era, ma da quando si è convertito all'Islam è diventato il tuttofare di Alhadji Bakari, e ha anche un negozietto. È qui in città da quasi trent'anni.»

«E quali sono le regole di cui parlava?»

Srafata scoppia a ridere.

«Le famose regole dettate da Alhadji Bakari in persona, condizione necessaria per restare qui: niente alcol, niente risse e niente sesso. Che razza di ipocrita!»

«Non capisco» dice Faydé.

«Alhadji Bakari fa finta di non sapere che di alcol, di sesso e anche di risse ce n'è in abbondanza nella sua bella concessione. Proprio dove lui vive e dorme ogni giorno.»

«Dici davvero?»

«I suoi figli sono tutti alcolizzati, e alcuni si drogano anche. Ci sono delle ragazze che a volte ci restano giornate intere, chiuse in stanza coi suoi figli, e il loro padre lo sa bene. E vogliamo parlare dei litigi tra le sue mogli o tra i suoi figli, e talvolta persino tra lui e la moglie prediletta, che è anche la più battagliera?»

«Perché queste regole, allora?»

«Te l'ho detto: per ipocrisia, per dare di sé l'immagine di un sant'uomo. Sembra che beva anche, ce lo ha raccontato uno dei suoi domestici. E a casa gli capita di passare la notte con donne venute da fuori. Senti, Faydé, io esco, vado a trovare un'amica che tu non conosci. Passerò la notte là.»

«Ma dove sono tutte le altre, stasera?»

«Siamo a fine mese. Saranno state pagate, e si staranno divertendo un po'. A proposito, questo mese ho pagato io la tua parte dell'affitto perché sei appena arrivata, ma la prossima volta dovrai contribuire anche tu.»

«Sì, certo.»

Mentre Srafata esce, arriva finalmente Bintou. Entra nella stanza comune come un tornado. Sembra che abbia appena fatto la doccia, e lascia una piacevole scia odorosa di sapone. Subito inizia a rovistare nella sua borsa, tirando fuori i vestiti alla rinfusa, evidentemente cercando un *pagne* finito sul fondo.

«Ah, Faydé, sei qui? Non ti avevo visto. Bene, mi preparo di corsa perché ho fretta. Passami lo specchio» dice, annodando rapidamente un bel *pagne* – molto aderente, a sottolineare la vita sottile – sotto una camicetta in tinta. Poi si siede sulla stuoia e comincia a cospargersi le gambe e le braccia con un unguento profumato che ha preso da una borsa di Srafata.

«Ma dove vai a quest'ora tutta tappata così, Bintou? Sai che a Srafata non piace che si tocchino le sue cose.»

Come sorpresa dall'osservazione, Bintou alza un sopracciglio e guarda l'amica.

«Srafata non avrà niente da ridire, se tu non vai a spifferarlo. Sto uscendo, come vedi. Vado a Domayo.»

«Dov'è Domayo? Cosa ci vai a fare lì? E con chi?»

«Fai troppe domande, Faydé. Con un ragazzo,

no? L'ho appena conosciuto. A proposito, tu sei ancora un po' ingenua, ma ricordati che quello che vedi qui non lo racconti al villaggio, capito? La prossima volta ti porterò con me a Domayo. Vedrai, la notte è tutta un'altra cosa rispetto al giorno. Specie il sabato, se è ai primi del mese, c'è sempre molto movimento.»

Senza più degnare di uno sguardo l'amica, Bintou continua a prepararsi: una collana scintillante intorno al collo sottile, diversi braccialetti multicolori e un grazioso orologio a sottolineare le braccia tornite. Scarpe col tacco e una borsetta completano la tenuta.

Sotto lo sguardo stupefatto di Faydé, la ragazza si trucca: un tratto di kajal per valorizzare gli occhi, cipria, senza dimenticare un bel rossetto scuro... Poi si sistema civettuola il foulard, sfila dal reggiseno un flaconcino e lo mette sotto il naso dell'amica.

«Ecco, senti questo profumo, è della mia padrona. Ha un buon odore, vero? È il mio preferito.»

«Te lo ha dato lei questo profumo? È generosa» approva Faydé, sorridendo.

«Non gliel'ho chiesto.»

«L'hai rubato?»

«Non fare la santarellina, Faydé! Sei davvero così tonta? Questo non è rubare. Lei ne ha una marea, e io ne ho messo appena un po' nel flaconcino in vista della mia piccola gita. Non se ne accorgerà neanche! Me lo merito, dopo tutto quello che ho fatto per lei questa settimana. Qui in città il profumo è molto importante, quando esci la sera. Ma ti avverto, non cercare di rubarlo. Ci vuole esperienza per questo» aggiunge ridendo. «Niente ti tradisce più di un buon profumo. Accidenti, sono così di fretta che quasi mi dimentico una cosa.»

Fruga di nuovo nella borsa, tira fuori diverse collane di perline multicolori, si slaccia il *pagne*, si lega le perline in vita e, con aria soddisfatta, se lo sistema di nuovo. Faydé sgrana gli occhi per la sorpresa.

«Ma dove vai conciata così? Non ho mai visto mettere delle collane intorno alla vita. È stupido, nessuno le vedrà. Starebbero meglio se te le mettessi al collo, no?»

Bintou si ferma un attimo a guardare l'amica: come si può essere così ingenue? Faydé dovrebbe essere abbastanza grande per capirle, certe cose. Bintou sembra volerle rispondere ma ci rinuncia, dopo un'occhiata all'orologio.

«Bene, Faydé, vado. Non aspettarmi, tornerò molto tardi.»

L'elegante fanciulla che svanisce nella penombra ha ben poco in comune con la piccola domestica dei giorni feriali. Anche un occhio allenato non saprebbe distinguerla da qualsiasi altra ragazza di città.

8

Sali lancia un'occhiata all'orologio e ancora una volta si guarda intorno. Sta aspettando da due ore e la cosa comincia a dargli sui nervi. La pazienza non è certo il suo forte. Sono le nove di sera e nel quartiere c'è un gran fermento, come sempre nel fine settimana. Su entrambi i lati della strada a doppia carreggiata che attraversa il quartiere si susseguono negozi e bar. Qua e là, gli altoparlanti diffondono le ultime canzoni alla moda.

Ma che fine ha fatto quella?

C'è un viavai di giovani, a volte in coppia, che entrano ed escono dai bar notturni, prima di prendere un mototaxi e sparire. Ci sono diverse auto parcheggiate, ma quelle più di lusso, i cui proprietari non vogliono essere riconosciuti, sono nascoste sotto gli alberi nei vicoli vicini. Anche se tutti i gatti di notte sono grigi, le marche dei veicoli e le targhe sono facili da identificare. Quando qualcuno viene in questo angolo di Domayo a quest'ora tarda, arrivando da una città in prevalenza musulmana, di solito lo fa per un motivo inconfessabile. Tanto più che questa zona è soprannominata *Ndara boddum*, «tieniti forte», in altre parole «stai ferma che ti scopo». È il quartiere *hot* di Maroua, con una forte presenza della prostituzione aggravata dalla precarietà e dalla generale insicurezza. In questa zona è importante non farsi notare, per non suscitare pettegolezzi. La cattiva pubblicità può rivelarsi dannosa.

Sali ha incontrato Bintou nel pomeriggio, per caso. Lei era lì sul ciglio della strada in attesa di un mototaxi che la portasse al mercato, così gli ha detto. Lui si è subito invaghito della bella ragazza dalla pelle scura e dalla figura snella. Senza indugio, il seduttore le ha proposto un appuntamento per quella sera stessa.

«Per fare cosa?» ha chiesto lei ridendo.

«Dài, solo per fare due chiacchiere e conoscerti meglio.»

«Non so se posso uscire di notte.»

«Voglio solo chiacchierare e bere qualcosa, tutto qui. Sennò come faccio a conoscerti meglio?» ha aggiunto lui, con la sua aria più seducente.

Lei ha accettato, e lui ha sentito un brivido. Un bel bocconcino, questa Bintou! Non vede l'ora di rivederla. Non molto alta, è minuta come piace a lui, ha un bel viso ma soprattutto un seno generoso e sodo che preme insolente contro la camicetta. Non sembra timida e lui spera di concludere la faccenda già stasera. Se lei si presenta, naturalmente!

Ci sono molti stranieri a Domayo, oggi. D'altronde, in città si dice che sono loro gli unici in grado di apprezzare questa atmosfera rovente, dove si trangugia birra mangiando spiedini di pollo o di pesce arrostito. Sali ha appena adocchiato un gruppo di giovani donne eleganti che ridono e parlano a voce alta, per farsi notare. Anche loro straniere! Studentesse, di certo. Di quelle che si arrangiano come possono per portare avanti gli studi, vendendo di tanto in tanto le loro grazie. Per un attimo, prende in considerazione l'idea di rimorchiarne una, visto che la ragazza che stava aspettando sembra essersi persa.

Infine, una moto si ferma lì accanto. Ne scende una bella ragazza, che paga con calma l'autista. Questo riparte subito sgommando, e manca poco che la travolga. Con un gesto civettuolo, lei si aggiusta il foulard che si è leggermente allentato. Un grande sorriso illumina il volto di Sali.

«Ormai avevo perso la speranza di vederti, stasera.»

«Così presto?» risponde lei.

«Ero impaziente, Bintou, ti ho aspettato tanto. Tutto bene, spero. Quei ragazzi sulle moto sono tutti teppisti, strafatti di Tramol. Anche quello che ti ha portato qui, ci scommetto.»

«Poco ma sicuro! Non credo ci sia un solo mototassista in città che non prenda il Tramol.»

Sali guida Bintou verso un bar-ristorante che somiglia più a una bettola che a un vero ristorante. È gestito da una matrona del Sud che lo ha preso in mano ormai da decenni, diventando una celebrità locale. Criticata da chi rifiuta assolutamente l'idea di un luogo di perdizione accanto alla moschea, ma anche sostenuta da chi ci lavora e ha bisogno di rilassarsi davanti a un bicchiere, è riuscita a tenere testa ai suoi avversari. Fiutando il buon affare, i più intraprendenti hanno finito per mettere su bottega vicino al suo ristorante: venditori di soia, pollo e pesce arrosto, frittelle e insalate compongono un mix cosmopolita il cui fascino sta proprio nella diversità. E l'atmosfera è sempre festosa.

Nella zona è fiorito anche un altro commercio, più inconfessabile, e alla faccia dei religiosi. Dove si trovano cibo e alcol, ci sono anche ragazze in cerca di soldi facili. La precarietà fa proliferare la prostituzione, e la situazione è peggiorata da quando l'insicurezza causata da Boko Haram ha portato in città migliaia di soldati. Lontani dalle loro famiglie, non sempre i militari sono gentili e di buon carattere, e spesso si dimostrano violenti con le ragazze che frequentano.

«Bintou, perché mi hai lasciato solo così a lungo? Perché mi hai fatto aspettare così tanto? Avevo paura che non saresti venuta.»

«E invece eccomi qui.»

«E io sono felice! Come sei bella! Raccontami un po' di te, Bintou.»

«Cosa vuoi che ti dica? Comincia tu.»

Sali beve un sorso della sua birra.

«Niente di veramente interessante, bella signorina. Sono un figlio di Maroua e vendo pezzi di ricambio. Ho un negozio qui a Domayo» dice per presentarsi, con un sorriso che vuol essere seducente.

Quello che Sali omette di dire è che lui è solo un venditore e che il negozio appartiene a suo cugino, molto più ricco di lui. Beve un altro sorso e, sempre sorridendo, cerca di prendere le mani della ragazza, ma Bintou si tira subito indietro, il che lo fa scoppiare a ridere. Con più fermezza, afferra di nuovo le mani ribelli, le stringe tra le sue e sussurra, accattivante: «Oooh, Bintou, non essere crudele con me, ti prego, lasciami tenere le tue mani così morbide. Come puoi essere così crudele? Sono qui che muoio incantato da te, e tu mi neghi le tue mani? Su, ora tocca a te, dimmi chi sei. Tu stai a Dougoy, se ho ben capito».

La ragazza si schiarisce la voce, abbassa gli occhi e sbatte timida le ciglia, e così inizia a recitare una commedia abilmente orchestrata, ripetuta tante volte che lei stessa ha finito per crederci. A ogni nuovo incontro, Bintou tira fuori lo stesso gioco di seduzione e la stessa bugia.

«Te l'ho già detto, Sali. Sono di Garoua e sono venuta a trovare mio zio. Resterò qui per un po'.»

«E i tuoi genitori?»

«Vivono a Garoua. Mio padre insegna in una scuola, e mia madre fa la sarta.»

«Cosa fa tuo zio qui a Maroua? Sta a Dougoy?»

«No, a Dourssougo. Mio zio è commerciante, al mercato dell'artigianato. Da quando vive qui, è come se fosse diventato "di Maroua". Vengo a trovarlo molto spesso. A volte rimango anche per mesi, dipende.»

«E non sei sposata, Bintou?»

«Oh no!» esclama lei, e ride. «Non sono sposata.»

«Perché no? Una bella ragazza come te!»

«E che fretta dovrei avere? Aspetto che Allah metta sulla mia strada un buon marito. E tu, invece? Sei sposato? È raro trovare dei single, di questi tempi.»

«Se anche fossi sposato, potrei sempre prenderti come seconda moglie. Comunque no, sono scapolo. Sto cercando la donna perfetta, e penso di averla trovata stasera.»

Il gioco della seduzione segue sempre lo stesso copione. Bintou sa bene che quest'uomo sta solo cercando di portarsela a letto, e non è contraria all'idea, se può ricavarne un regalo, qualunque sia, oltre al piacere. Non si fa illusioni sull'esito di questo incontro. Ma se Sali dovesse scoprire la verità, cambierebbe tutto. Bintou in versione povera domestica non avrebbe le stesse chance della Bintou nipote di un commerciante. Una ragazza di montagna è molto meno affascinante di una ragazza di Garoua!

Stasera Bintou veste i panni della brava ragazza. Timida, occhi bassi, indossa un bel *pagne* e ha un buon profumo. Solo una ragazza di buona famiglia può sfoggiare un profumo così di classe, o tenere in mano uno spiedino in modo tanto elegante. E un uomo come Sali, giovane, bello e apparentemente libero dal bisogno, non può mica innamorarsi di una domestica. Se sapesse la verità, pur desiderando la ragazza, smetterebbe di provare interesse per lei. E anche gli eventuali regali si ridurrebbero a un terzo, come minimo.

«Sali, guarda che non posso restare molto. Mia cugina mi sta coprendo, ma se mio zio scopre che sono uscita di notte mi fa una piazzata. È la prima volta che mi azzardo in un'avventura così» aggiunge col sorriso sulle labbra, il che non può che lusingare il giovane. «La prima volta!»

Beve un altro sorso di succo di pompelmo e reprime a fatica una smorfia, sentendo l'amaro sulla lingua. Non è la sua bevanda preferita, tutt'altro, ma la granatina piace solo alle ragazzotte di paese – non alle signorine di classe e alla moda! Deve stare al gioco fino in fondo e sembrare un po' intimidita, di fronte alla proposta che arriva un attimo dopo.

«Mi piaci, Bintou. Allah! Non posso resisterti. Da quando ti ho vista sei sempre nei miei pensieri. Ti amo. Anche io ti piaccio, vero?»

«Sì, Sali, altrimenti non sarei venuta. Sto correndo un rischio enorme.»

«Dimostramelo. Andiamo da qualche parte dove

possiamo stare soli. Qui c'è troppa gente, non si riesce neanche a parlare.»

«No, è impossibile. È meglio che torni a casa. Si sta facendo tardi e se qualcuno mi vede...»

«Infatti, ti propongo di andare in un posto più tranquillo, dove nessuno ti vedrà.»

«Davvero, Sali, non posso. Non metterti in testa certe idee.»

«Neanche tu, dolcezza. È solo per chiacchierare tranquilli. Non voglio lasciarti andare così presto, ma qui qualcuno potrebbe riconoscerti. Andiamo! Non ti fidi di me?»

Lasciano il locale. Una stanza a ore li aspetta, non lontano da lì. Sali ha già pagato. Solo chi li usa sa dove trovare questi posti, a volte all'interno di case molto discrete. C'è un letto, una stuoia e un bollitore pieno d'acqua per le abluzioni.

«No, Sali, non va bene. Non possiamo chiuderci qui dentro così» dice con voce dolce, degna del ruolo che sta interpretando. Ma già sta cedendo al fascino di Sali, alle sue carezze così persuasive.

«Ti amo troppo, Bintou. Non resisto più. Hai una pelle così morbida, un profumo così buono.»

«No, Sali, non posso restare. Lasciami andare!»

Ottima attrice, sa bene che lui sta perdendo il controllo.

«Bintou cara, lasciati amare, ti prego. Ti darò tutto quello che vuoi!»

Una frase che risveglia l'attenzione della timida beneamata.

«E che cosa mi darai, Sali?» chiede Bintou, fingendo di ridere.

«Tutto quello che vuoi, mia cara. Una donna così bella può ottenere quello che vuole, se si mostra gentile.»

Il momento è arrivato! Le carezze si fanno sempre più audaci. Bintou sente la mano di Sali cercare i suoi seni, mentre la bacia nell'incavo del collo.

«Chiedimi quello che vuoi, Bintou. Ti accontenterò, ma lasciati amare subito. Non posso resistere alla tua bellezza.»

Sali è già nudo, pazzo di desiderio davanti a questa donna che stuzzica i suoi sensi. Con una mano cerca di slacciarle il *pagne*, che sembra resistere, ma in un attimo Bintou è già sdraiata, e pare si stia offrendo. L'intimità è svelata, è il momento di monetizzare quell'attimo così prezioso.

«Mi piacerebbe che mi comprassi un telefono Android. Così potrai chiamarmi quando vuoi... Il mio è caduto in acqua la settimana scorsa.»

«Sì, sì, certo, cara.»

«E quando me lo compri?» aggiunge con dolcezza, per tenere il punto.

Quando le promesse non vengono mantenute subito è facile che non vengano mantenute mai, una volta che lui avrà ottenuto ciò che voleva. Lo ha imparato più di una volta a sue spese, nelle esperienze precedenti, e si è giurato di non commetterlo più, l'errore di contrattare dopo.

«Subito, amore mio. Qui ci sono quarantamila franchi, andrai tu a sceglierti quello che vorrai. Ma lasciati possedere, ti prego» implora con voce roca.

Nella penombra della stanza, le collane di perline fosforescenti che Bintou porta intorno alla vita aggiungono sensualità al momento. Desideroso di perdersi in quella morbida carne, Sali si dà da fare con entusiasmo.

«No, Sali. Non voglio! Se poi rimango incinta...»

«Non succederà, Bintou. E anche se succedesse, quale uomo non vorrebbe un figlio da te? Ti ho dato i soldi per il telefono, no? Puoi comprarlo già domani mattina così possiamo parlare, e domani ci rivediamo. Ti amo troppo, Bintou. Ti coprirò di regali, farò tutto quello che vuoi, ti sposerò se mi accetti come marito, ma adesso ti voglio!»

In un istante di lucidità, frutto di una lezione dolorosamente imparata l'anno prima, quando ha dovuto trovare il modo di liberarsi di un embrione saldamente aggrappato al suo grembo, Bintou gli porge il preservativo che ha trovato sul comodino. Pazzo di desiderio, lui lo getta via e la penetra.

9

Da qualche giorno Kondem si alza di buon umore. Tornerà oggi, Faydé? È già dicembre e le feste di fine anno si avvicinano. Una marea di emigrati si riversa ogni giorno dalle corriere sovraffollate. E in tante famiglie esplode la gioia.

Kondem freme di impazienza. Passa l'intera giornata a scrutare la strada, senza riuscire a concentrarsi, nemmeno per un attimo, sulle incombenze che di solito sbriga in automatico. Basta un rumore a farla trasalire, la voce di una donna a spingerla fuori dalla capanna, con il cuore che batte all'impazzata. A volte, quando non riesce più a resistere, si avvia lentamente verso la stazione degli autobus, osservando con discrezione i volti familiari in arrivo dalla città. Nessuna delle ragazze del quartiere è ancora tornata, e le madri non riescono più a tenere a bada l'angoscia.

«Neanche Srafata è tornata a casa, Kondem. Nemmeno Danna, Bintou e Fanta. Vedrai che arriveranno tutte insieme» le ripete ogni sera la madre di Srafata.

«E se non tornano a casa, quest'anno?»

«Non si perderebbero le feste per nulla al mondo. E poi sono solo a Maroua, non è così lontana. E sappiamo che stanno bene.»

«È vero, abbiamo avuto loro notizie. Ma io ho talmente voglia di vederla!»

Passa qualche giorno, e finalmente dall'ennesima corriera appena arrivata spuntano anche le ragazze, tutte contente e in ghingheri. Kondem deve tenersi a freno: fatica a riconoscere sua figlia, tanto è cambiata. Meno di un anno fa era ancora un'adolescente fragile, adesso è una giovane donna formosa, ben vestita e sicura di sé.

Nella piccola capanna Faydé mette in mostra i suoi tesori davanti agli occhi dei bambini sbalorditi. Sua madre è meravigliata che sia riuscita a tornare con così tante provviste in così poco tempo. Il suo stupore arriva al culmine quando Faydé le consegna con orgoglio due banconote da diecimila franchi, specificando che la terza se la tiene per il soggiorno e per il ritorno.

«Tutto per noi? E mi hai portato anche un *pagne*? E i vestiti per i bambini, le scarpe e tutte queste cose...»

La madre scoppia in lacrime sotto lo sguardo stupefatto dei bambini più piccoli, che non capiscono perché stia piangendo in un momento tanto felice. Alla fine si ricompone, per non rovinare la festa. Senza farsi vedere, anche Faydé si asciuga una lacrima e tira fuori dalla borsa biscotti e caramelle, per la gioia dei bambini. La sorellina all'inizio sembrava volersi tenere a distanza, ma poi Faydé le ha fatto vedere la bambola che le ha portato, e la bambina, incuriosita, ha finito per prenderla in braccio, con tenerezza, meravigliata dal vestito lucente e dai suoi capelli di seta.

«Raccontami ogni cosa!»

Hanno tutti la gioia dipinta in volto, mentre si stringono intorno a Faydé, e ognuno vuole raccontarle un aneddoto o farle una domanda. Sono così felici che restano alzati fino a tardi, ma a un certo punto la stanchezza della giornata finisce per avere la meglio sui più piccoli. Fuori l'harmattan soffia, fischia e scuote gli alberi. Deve fare molto freddo a quest'ora della notte, ma nella capanna scoppietta allegro il fuoco, emettendo un calore rilassante e una luce che illumina i volti di madre e figlia, così contente di essersi ritrovate. Le incomprensioni si sono dissolte, rimane solo la complicità che le ha sempre unite.

«Dada, cosa vuoi sapere?»

«Tutto! Sei cresciuta così tanto, sei diventata così bella...»

Siedono su una stuoia nuova, un po' più grande della precedente, già molto sciupata quando Faydé era partita. Sua madre dev'essere riuscita a usarli con cura, i pochi soldi che le ha mandato ogni mese.

«Ho un buon impiego in una famiglia che mi tratta bene, e sono soddisfatta. C'è molto lavoro, ma ho imparato a fare tutto.»

«Dove dormi? A casa loro?»

«No, no. Dormo con Srafata e le altre ragazze in una concessione poco distante. Ci sono diverse stanze occupate dai nostri fratelli del villaggio. A proposito, sai che all'inizio un po' tutti mi prendevano in giro per il mio nome?»

Faydé si mette a ridere, al ricordo. Kondem è più seria, e un po' sul chi vive: «Avranno colto l'occasione per darti un nuovo nome, un nome di quelli che usano loro! Su dimmi, come ti chiamano in città? Habiba o Fanta?».

«Prima voglio sapere qual era il tuo, di nome» ribatte Faydé.

«Io ho tenuto il mio, anche se loro lo storpiavano come gli pareva: Kodam, a volte Korré e persino Damdam.»

«Anch'io ho mantenuto il mio nome. Mi hanno chiesto dove mi hai trovata, per decidere di chiamarmi "trovata".»

L'argomento è delicato. Segue un silenzio imbarazzante. Ma nessuna delle due vuole rovinare il momento.

Faydé si riprende subito: «E tu, Dada? Raccontami un po'».

«Non è cambiato nulla al villaggio. La stagione delle piogge è stata un po' migliore, vedremo come andranno i raccolti. I tuoi fratelli mi hanno aiutata nei campi, anche se sono ancora piccoli. C'è anche tuo zio Kisito, è tornato a dare una mano. E parlando di uomini, hai qualche pretendente? Spero che tu ci stia attenta.»

Faydé ride di nuovo. Le preoccupazioni di sua madre sono sempre le stesse.

«Non ho nessun pretendente, Dada. Non ne voglio avere.»

«Non te la spassi con qualcuno di loro, spero.»

«Dada, basta! Non frequento nessun uomo. Esistono solo i fratelli, e questo è tutto. A proposito, ancora nessuna notizia di mio padre?»

Kondem scuote la testa. Un lampo di tristezza le attraversa lo sguardo.

«Hanno lasciato andare un po' di gente del villaggio vicino. Hanno raccontato di essere stati ostaggi di Boko Haram. Li hanno fatti lavorare fino allo sfinimento, e si sono approfittati delle donne e delle ragazze, molte di loro sono tornate incinte. Alcuni sono stati uccisi, e ancora tanti sono prigionieri. Ma nessuno ha potuto confermare che ci fosse anche Doubla tra loro. Ora devi dormire, Faydé. Sarai stanca per il viaggio. Fa freddo stasera, una buona cosa per il sorgo. Continueremo a parlare domani» conclude la madre, togliendo un ceppo dal fuoco.

Nell'oscurità si distinguono solo alcune braci. Con un sospiro di soddisfazione Faydé si avvolge in una coperta. Assapora la gioia dei giorni a venire e la felicità di essere a casa. Ha dimenticato tutto il lavoro, gli espedienti, le lotte quotidiane, ha deciso di godersi questi momenti felici.

La mattina di Natale i suoi fratellini indossano eccitati i vestiti nuovi per andare in chiesa, e sua madre è tutta orgogliosa. Le si legge il sollievo negli occhi. Faydé ha ritrovato il suo posto nel coro per la messa solenne. Che fervore, sui volti degli abitanti del villaggio! Che gioia, nonostante la situazione sempre più difficile! Perché i giovani emigrati hanno tutti mantenuto le loro promesse, anche quelli che non sono riusciti a tornare perché lavorano in città troppo lontane. Nessuno è venuto meno al suo dovere di figlio o di fratello, di figlia o di sorella. Vestiti nuovi, perlopiù trovati nei negozi dell'usato, scarpe per alcuni, nuovi *pagne* per le madri.

Erano mesi che Faydé si preparava al ritorno, con la stessa energia delle sue amiche, anche se non possiede ancora la loro sicurezza e audacia.

C'è da dire che tutte le sere ogni ragazza tornava a casa con qualcosa da aggiungere alla scorta di vestiti, che si stava lentamente accumulando. All'inizio Faydé era così sorpresa che una notte, prima di andare a dormire, ne aveva parlato esplicitamente con le altre, che l'avevano subito presa in giro.

«Sei davvero un po' lenta di comprendonio, Faydé, il che è un bel problema. Da quanto tempo sei qui?» aveva sospirato Bintou.

«Ti spiego di nuovo come funziona» era intervenuta Srafata, alzando gli occhi al cielo. «Ora che sei qui, e che hai visto tutto quello che portiamo ogni anno alle nostre famiglie, pensi che ci riusciamo solo col nostro salario?»

«Infatti, non so come fate. Io non ci riesco.»

«Appunto» aveva tagliato corto Danna. «Ottomila franchi non bastano per aiutare la famiglia e in più vestirsi bene, pensare al corredo e tornare al villaggio cariche di regali. Bisogna farsi furbe, ragionare, cogliere le occasioni. Qualunque occasione, ma usando la testa.»

«Come funziona?»

«Dipende dalla casa» aveva risposto Srafata. «Nella mia non stanno molto attenti alle scorte di alimentari, e sono io che cucino. Se riesco a mettere da parte un po' d'olio, in quindici giorni riempio una bottiglia da un litro. Oppure mi prendo dieci zollette di zucchero ogni mattina e a Natale ne ho un sacchetto pieno, da portare a casa per la zuppa dei bambini, e così via. C'è sempre qualche possibilità. Per esempio, quando raccolgo gli avanzi dei pasti di Alhadji, trovo sempre qualche bustina di Nescafé o di tè. Nessuno ci fa caso.»

«Dove lavoro io, non fanno caso a quanto detersivo uso per lavare i piatti o il bucato.»

«Nella mia casa ci sono troppi bambini, il che vuol dire tanto bucato, ma vuol dire anche che mutande, calze e qualche maglietta vecchia possono sparire senza che nessuno se ne accorga.»

«E anche se qualcuno se ne accorge, chi vuoi che venga a chiedere dove sono finite? Hanno così tanta roba, e ne comprano sempre di più. Ecco, Danna, ricordati di darmi delle mutande per i miei fratelli e anche delle calze.»

«Certo! E tu invece mi darai un po' di zucchero. Capisci anche tu, Faydé» le aveva ricordato Danna «che se mancano forchette e cucchiai, finché non ti beccano sul fatto, sono cose che capitano, in una casa dove vanno e vengono tanti estranei.»

«Ma è un furto!» aveva risposto sbalordita Faydé, con la voce incerta.

«Non è un furto» l'aveva rintuzzata Bintou. «E anche se lo fosse, qual è il problema? Con tutto quello che fai, non è un furto darti solo ottomila franchi?»

«Certo che lo è! Lavoriamo dalla mattina alla sera facendo di tutto. Ultimamente mi hanno chiesto anche di cucinare, anche se non erano quelli gli accordi.»

«E non aspettarti che ti aumentino la paga per questo. Sei tu che te la devi aumentare da sola. Non te lo meriti, forse? Pensano di essere più intelligenti degli altri perché sono più ricchi» aveva brontolato con amarezza Danna.

Dopo tutta questa serie di osservazioni, consigli e moniti, Faydé si era appoggiata su un gomito, con aria pensierosa, prima di rispondere: «È vero, avete ragione. Oggi ho praticamente preparato tutti e tre i pasti e Ayya non mi ha aiutato, anche se era il suo turno. Ho fatto tutto da sola. La signora ha detto che non stava bene e, visto che è così sgradevole, nessuna delle co-spose ha avuto voglia di aiutarla. Odio quella donna arrogante».

«È proprio così. Ben presto finirai col gestire tutta la casa da sola. È così che vanno le cose. Quindi, ripagarci dei sacrifici non è un furto. Nessuno sospetterà di te, se hai saputo guadagnarti la loro fiducia.»

«D'accordo, avete ragione.»

«Però stai attenta» l'aveva interrotta severamente Srafata, con un dito alzato. «Questa fiducia va conquistata. Se trovi in giro dei soldi, non intascarli, restituiscili sempre. Potrebbe essere una trappola.»

«E non toccare i soprammobili, sono importanti per queste donne. Li contano uno per uno. E poi cosa ci fai, con dei soprammobili? Abbiamo altri problemi da risolvere, invece di pensare a stupidaggini del genere.»

«Non prendere mai nulla di intero. È troppo lampante. Con l'olio, per esempio, come ti ha spiegato Srafata, se manca un litro da un cartone se ne accorgono subito.»

«Se in un servizio da una mezza dozzina di piatti uno si rompe o sparisce, gli altri perdono valore, diventano semplici utensili da cucina. Nessuno se ne accorgerà, se dopo un po' ne sparisce un altro.»

«E ricordati, ci sono alcune cose che non si toccano mai: non prendere mai un gioiello, soprattutto se è d'oro. Mai e poi mai! Sennò arriva la polizia, e ci porta via tutte.»

«La polizia?» Faydé era rabbrividita.

«Se vedi in giro un gioiello d'oro, ti conviene raccoglierlo subito e portarlo alla tua padrona, prima che qualcun altro lo rubi e diano la colpa a te. Fra i tuoi doveri c'è anche quello di proteggere le cose che sono in casa, perché se scompare qualcosa di prezioso sarai la prima a essere sospettata. Quindi stai attenta! Niente gioielli, niente *pagne* e soprattutto niente soldi. Su questo non si scherza. Se vedi una banconota di grosso taglio, non avvicinarti neanche!»

Poi Srafata era andata a rovistare in una borsa e aveva tirato fuori uno zampirone anti-zanzare. Lo aveva acceso e lo aveva sistemato in un angolo. Sorridendo, aveva ripreso: «Pensi che l'abbia comprato? Ce ne sono così tanti nella mia casa, chi è che si mette a contarli? Ecco perché nessuno deve lavorare nella nostra zona, a parte i nostri fratelli. Altrimenti, qualcuno potrebbe tradirci. Qualunque cosa tu veda e qualunque problema possa sorgere, non devi mai e poi mai tradire uno dei nostri. Questa è la regola assoluta» aveva concluso Srafata, prima di stendersi sul materasso e avvolgersi nel suo *pagne*.

Seduta sulla panca della chiesa che non ha mai smesso di frequentare, Faydé coccola senza farsi notare la sorellina, che se ne sta lì appiccicata a lei, stringendo saldamente in mano la bambola da cui non si separa mai.

Apparteneva a Naïma, la bambola. La bambina ne possiede diverse. Un giorno, mentre giocava, aveva staccato un braccio e una gamba alla bambola, che sarebbero rimasti abbandonati nel cortile per poi finire nella spazzatura. Faydé li aveva raccolti mentre Biri stava per portare fuori il bidone. Come al solito, lui l'aveva presa in giro: «La gamba e il braccio di una bambola? Cosa te ne fai?».

«Ho una sorellina che non ha mai avuto una bambola.»

«Ahhh, capisco» aveva commentato lui con un'occhiata complice. «Allora dovremo assicurarci che anche il resto della bambola non sparisca.»

Pazientemente, Faydé era riuscita a rimettere insieme la bambola abbandonata. L'aveva lavata e aveva recuperato il suo vestitino di raso lucido, che dopo un bagno nell'acqua saponata aveva riacquistato il suo splendore. Era persino riuscita a trovare degli elastici per fare alla bambola una bella acconciatura, sotto lo sguardo divertito delle sue amiche che avevano pensato: finalmente ha capito anche lei!

In questo momento, la gioia che vede in questa bambina mentre culla teneramente la sua prima bambola è la ricompensa più bella per Faydé, e finisce col cancellare dalla sua mente anche le ultime tracce di senso di colpa.

II

UNA VITA DA DOMESTICA

«Il fuoco che ti brucerà
è quello al quale ti riscaldi.»
Proverbio africano

1

Nel tardo pomeriggio Faydé ha preso l'abitudine di fare una pausa e sedersi nel cortile della grande concessione, accanto a un'aiuola piena di fiori che profumano l'aria. Di solito è a quest'ora che Biri annaffia le piante e lei ne approfitta per fare due chiacchiere. Con loro c'è di solito anche Leïla. È l'unica figlia di Nenné, ed essendo l'unica ragazza della concessione – Diddi ha solo dei maschi più grandi, e Ayya bambine più piccole – è coccolata da tutta la famiglia. Innocente, un po' infantile, capricciosa, dà per scontati i favori che il mondo le concede.

Si è subito stabilita un'intesa tra Leïla e Faydé, che ha smesso di essere solo la sua domestica per diventare anche la sua confidente. Leïla le racconta i suoi primi amori o le sue avventure inconfessabili, che solo una persona della sua età può capire. Approfitta del fatto che Faydé non fa parte del suo mondo per spettegolare con lei. Entrambe bisbigliano e ridono molto. Faydé sa ascoltare, sa offrire soluzioni ai problemi che Leïla le espone –

anche se, ai suoi occhi, non sono mai seri. Soprattutto, Faydé non la giudica: è questo ciò che più conta per Leïla.

Tra lei e Faydé è nata un'amicizia, anche se le separa un fossato. In effetti, al di là della sua gentilezza, fino a che punto Leïla può capire Faydé? E quest'ultima può aprirsi davvero con colei che rimane la sua padrona?

Faydé ascolta la sua nuova amica, ma non si confida mai con lei. Perché la miseria suscita sempre disprezzo o pietà, ed è impossibile trovare le parole giuste senza avere l'aria di voler impietosire gli altri. Mentre Faydé si è dovuta adattare alla città, imparandone le regole di base, Leïla – il cui orizzonte geografico si ferma alla scuola che frequenta – non può neanche immaginare come sia davvero la vita della sua domestica.

Le confidenze di Leïla iniziano sempre con: «Mohamadou mi ha scritto. Mi ha chiamato oggi». Poi, con il telefono in mano, dedica ore a guardare i suoi messaggi, sorridendo. Leïla è fidanzata. Passa il tempo a farsi confezionare nuovi *pagne*, aspettando con impazienza le visite dell'uomo a cui è destinata, che vive a Douala. Faydé accetta con gratitudine i *pagne* che Leïla non vuole più e di cui spesso si libera regalandoli a lei. Faydé non ne ha mai visti di così belli ed eleganti. E Srafata, Bintou e Danna ne sono molto invidiose.

«Ci sposeremo presto. Non vedo l'ora. Diddi pensa che sarà un buon marito e mio padre ha molta stima della sua famiglia. Io credo che sia anche molto carino. E molto innamorato» aggiunge ridendo.

«Sì, si vede.»

«Vive a Douala. È la cosa che più mi piace di lui, perché non vedo l'ora di lasciare Maroua. E in più è bello, non è vero?»

«Sì» concorda Faydé, gli occhi fissi sulla foto del giovane che appare sullo schermo del telefono di Leïla.

«Mi ha promesso l'ultimo modello di iPhone. Il mio è già superato. Sto cominciando a innamorarmi di lui, sai? A proposito, ho fame. Cosa cucini oggi, Faydé?» chiede, cambiando bruscamente tono.

«Riso con salsa di pomodoro, pollo fritto, chips di foglie di banano.»

«Come al solito. Sono stanca di mangiare sempre le stesse cose» sospira Leïla. «Comprami del pane e spalmaci sopra un po' di crema al cioccolato.»

Faydé non risponde e si limita a sorridere.

Leïla è nata con la camicia. Non le è mai mancato il latte, lo zucchero o la carne. Come spiegare a una ragazza che non ha mai conosciuto la fame cosa si prova ad andare a dormire con la pancia vuota? Non c'è nulla di più invadente di uno stomaco affamato.

Un fragore assordante proveniente dal garage le interrompe. È appena entrato in funzione il generatore. Leïla sospira.

«Un'altra interruzione di corrente! È diventato un inferno. E la stagione secca è appena iniziata. Mi chiedo come fanno le persone che non hanno un generatore. Tolgono l'elettricità continuamente. Dicono che sia a causa dell'alleggerimento della rete, io non lo so. Prima succedeva poche volte.»

«Allora perché succede?»

«Be', per via del cambiamento climatico. Meno piove, meno acqua c'è nei fiumi e meno funziona la diga. È semplice. E nel tuo villaggio, Faydé? Nel tuo villaggio ci sono spesso interruzioni di corrente?»

«Non c'è elettricità, nel mio villaggio» risponde Faydé.

Leïla sbarra gli occhi, meravigliata.

«Come non c'è elettricità? Come fate a ricaricare i cellulari? E a guardare la tv?»

Leïla non può immaginare che si possa vivere senza elettricità, senza televisione o, peggio, senza telefono, lei che non si separa mai dal suo oggetto feticcio, e se lo porta anche a letto o in bagno. Le sue dita agili e snelle volano incessantemente sulla tastiera, seguendo il filo di una misteriosa conversazione con persone altrettanto misteriose.

Faydé, che si sente in vena di punzecchiarla, continua: «Nel mio villaggio non abbiamo l'elettricità, Leïla. Non abbiamo neanche l'acqua corrente».

«E come fate a lavarvi?»

Faydé rimane in silenzio.

Qui l'acqua scorre a fiotti dai rubinetti. Se la fornitura d'acqua si interrompere, il pozzo entra in funzione senza che nessuno se ne accorga. Tutti lo danno per scontato, e nessuno si rende conto di quanto sia preziosa l'acqua. La lasciano scorrere quanto vogliono. Dopotutto, è solo acqua. Annaffiano le piante mattina e sera, perché la freschezza e la bellezza che sprigionano sono indispensabili in una concessione degna di questo nome. Bagnano anche le piastrelle del cortile, in modo da togliere la polvere e verso sera avere un po' di fresco. Dopotutto, l'acqua qui è solo acqua.

Come può Faydé spiegare a Leïla che a venti chilometri di distanza da lì si muore di sete, che quell'acqua qui così comune diventa, neanche tanto lontano dalla città, una merce rara e di valore inestimabile? Come può Leïla sapere cosa significa vedere i pozzi del villaggio prosciugarsi uno dopo l'altro, all'inizio della stagione secca? Come si può spiegare a qualcuno che si fa anche tre docce al giorno che al villaggio, per lavarsi o fare il bucato, bisogna andare nel braccio morto del fiume e scavare e scavare nella sabbia, sperando di trovare l'acqua? Non ci sono parole per dirlo.

Faydé riprende con voce seria.

«Andiamo al fiume morto, e lì ci divertiamo anche. Di solito ci muovevamo in gruppo, ma adesso non si può più.»

«Perché no?»

«Per colpa di Boko Haram. Abbiamo paura che ci rapiscano.»

«Può succedere davvero? Se ne sente parlare spesso in tv, ma non pensavo che fossero così vicini.»

Faydé trattiene a stento la battuta.

Come si fa a spiegare a una ragazza da sempre iperprotetta che da qualche tempo i villaggi di tutta la regione sono diventati l'obiettivo di quel gruppo terroristico? Indifferente, Leïla ne sente parlare giusto qualche volta in televisione, prima di immergersi nella sua serie preferita. Qui la sicurezza è garantita dai guardiani o, nelle concessioni più ricche, da vigilantes privati. Lei sa del coprifuoco che è in vigore in città da qualche tempo, ma cosa le importa, visto che comunque di notte non esce? Il *suo* coprifuoco è già stabilito dalla famiglia e dalle tradizioni. Leïla è al corrente dei furti, dei rapimenti e anche dei kamikaze che si fanno esplodere con bombe improvvisate. Sì, sono cose che fanno paura, ma finché succede altrove, nei villaggi o su in montagna, qui si può continuare a vivere tranquilli.

Un giorno, dopo essersi fatta rimproverare dal padre perché è tornata a casa da scuola da sola, senza aspettare l'autista o uno dei suoi fratelli, Leïla si sfoga con Faydé: «Sono stufa. Mi stanno sempre addosso, mi sorvegliano sempre. Non ho una vita mia, tu sì che sei fortunata, a essere libera».

«È solo perché i tuoi genitori ti vogliono bene. Ti proteggono.»

«E i tuoi genitori no?»

«Non è la stessa cosa, o lo stesso modo di pensare. I miei genitori sono poveri. Se mia madre avesse potuto scegliere, avrebbe preferito che continuassi ad andare a scuola e che rimanessi vicino a lei. Come tutti i genitori del mondo.»

Leïla ha sempre vissuto circondata dalla famiglia. La madre, le matrigne, le zie, la nonna la trattano come una principessa. Il padre e gli zii, che provvedono a ogni suo minimo bisogno, la proteggono anche dai pericoli invisibili. La vita familiare è un'abitudine innata per lei, e rappresenta quanto c'è di più normale al mondo.

Cosa può mai dirle Faydé della propria famiglia? Come può capire, Leïla, la madre di Faydé, sempre oppressa dall'ansia, i fratelli più piccoli che contano su di lei, il padre che è scomparso e non dà notizie? Leïla non è in grado di capire quanto è importante il modesto stipendio di Faydé, per la sopravvivenza dei suoi cari. Leïla è più preoccupata del fatto che una delle sue amiche possa avere un telefono migliore del suo! Va su tutte le furie se vede l'amica sfoggiare un cellulare ultimo modello mentre lei, in generale quella messa meglio tra i suoi compagni di classe, deve accontentarsi di uno smartphone meno recente. Le sembra quasi un crimine di lesa maestà, da punire al più presto!

Faydé ascolta e annuisce, ma non smette di pensare a sua madre nei campi e alla sorellina che da qualche giorno ha la febbre per la malaria.

Leïla si lamenta che la sua paghetta è insufficiente per la sua età, in una scuola dove le altre ragazze dispongono a volte anche del doppio. Un «magro gruzzolo» che non le permette di concedersi una merenda decente e non basta a coprire la sua connessione quotidiana a Internet. Ottomila franchi a settimana per lei, figlia di un uomo d'affari? Che vergogna! Faydé invece si accontenta della stessa cifra per un mese, dopo aver lavorato dalla mattina alla sera. E spera di riuscire a farsi dare la prossima paga in anticipo, per comprare le medicine alla sorellina.

Insomma, Leïla si lamenta sempre: in classe fa troppo caldo; la sua uniforme è troppo semplice, la disciplina troppo severa. Le viene impedito di truccarsi, di portare gioielli e persino di indossare il suo nuovo maglione. Non ha mai abbastanza scarpe, nonostante la decina di paia allineate sotto il letto. Faydé si è accontentata per anni delle infradito di gomma, quando non le toccava camminare a piedi nudi.

«Non vedo l'ora di sposare Mohamadou. È

simpatico, e con lui non avrò più i miei genitori addosso. Farò quello che voglio. Spero di avere una bella casa. Mohamadou mi ha già fatto vedere qualche foto.»

Per il matrimonio, la famiglia di Leïla farà tutto il necessario: il padre le comprerà i mobili e la madre le fornirà tutti gli utensili da cucina, mentre il fidanzato le rinnoverà il guardaroba. Non dovrà preoccuparsi di nulla.

Ragazza iperprotetta nella concessione di suo padre, sarà ugualmente protetta in quella di suo marito. Quest'ultimo avrà il dovere di nutrirla, accudirla e vestirla, in altre parole di prendersi cura di lei secondo le regole della loro tradizione, che si confondono con quelle della loro religione.

Leïla continua in tono confidenziale: «Mohamadou mi ha detto che se per caso non mi piaceranno i mobili che mio padre mi regalerà, potremo cambiarli. Quel che è certo è che butterò via subito le cose da cucina di Nenné e Diddi. Sono troppo fuori moda. Loro non ne capiscono niente».

«A me sembra che tutto quello che ti comprano sia bello» ribatte seria Faydé.

«Ma tu cosa vuoi saperne, Faydé? Douala non è mica Maroua.»

Leïla continua a parlarle dei suoi progetti futuri, anche se sono ancora piuttosto vaghi. Non sa quale corso di studi sceglierà all'università dopo il diploma, ma si vede già come una donna che lavora.

Per fare questo, deve continuare gli studi dopo il matrimonio. Sarà sicuramente una buona moglie e una madre perfetta, regnerà su una bella casa con qualche domestico, ma non desidera in alcun modo riprodurre il modello della concessione paterna.

È una ragazza moderna, Leïla, imbevuta di serie televisive, connessa al mondo. Non sopporta l'idea di condividere il marito e spera di intraprendere una carriera professionale. Faydé è colpita da tutti quei progetti. Lei non si proietta così lontano nel futuro, non è in grado di farlo. Si sposerà, certo, e spera anche lei di avere dei figli, ma il resto appartiene al mondo della fantasia. Ha un buon lavoro, è matura per la sua età e sa che tutti hanno il diritto di sognare, ma ci si deve accontentare di sogni ragionevoli – sogni che abbiano qualche possibilità di realizzarsi, un giorno! Quindi non pensa di diventare medico o banchiere, come Leïla. Non ci si vede proprio a gestire una grande concessione con svariati domestici. Si limita a sperare, questo sì, che un giorno non farà più la serva.

All'inizio Faydé era contenta dell'affetto sincero che le dimostrava Leïla, ma l'amicizia che stava sbocciando è stata ben presto spazzata via, il giorno in cui una compagna di scuola ha chiesto a Leïla chi era quell'amica che lei non conosceva. Senza un attimo di esitazione, Leïla ha risposto: «Non è una mia amica. È solo la nostra domestica, ma è gentile e disponibile».

«Se è la tua domestica, perché perdi tempo a parlare con lei?»

Leïla si è limitata a ridere, e ha cambiato discorso.

Delusa dalla triste realtà sociale, Faydé se n'è andata con un peso sul cuore.

La sera stessa, quando si è confidata con le amiche, loro le hanno allegramente riso in faccia.

«Faydé, quanto sei ingenua, mio Dio!»

«Dài, Faydé, pensavi davvero di poter essere amica della tua padrona?»

«Si è dimenticata di essere una domestica» borbotta Srafata, prima di puntarle contro un dito ammonitore. «Quante volte, Faydé, ti abbiamo detto che non sono nostri amici e che tu non sei qui per fare amicizia con loro? Vivere a Maroua non vuol dire dimenticarsi del villaggio.»

«Di questo passo, dimenticherà persino la sua famiglia!»

Bintou ha concluso, con un sorriso triste: «Sei una domestica, Faydé. E non puoi essere amica di quelli che ti danno o potrebbero darti un lavoro. Non sei della loro etnia, non credi nella loro religione. Per loro, non vali nulla. Vuoi un buon consiglio? Nel tuo interesse, approfitta più che puoi di quello che possono darti, ma non pensare mai che ti possano voler bene. Questo è vero soprattutto per gli uomini. Smetti di essere così ingenua, o ti giocheranno qualche brutto tiro».

Faydé ha annuito in silenzio e si è coricata, sul cuore quel peso che non se ne va.

Leïla alza d'improvviso lo sguardo dal telefono e chiede, curiosa: «Faydé, ma tu non sei innamorata?».

«Certo che no» risponde lei, confusa. «No, non sono innamorata e non voglio uomini nella mia vita.»

«Non dire sciocchezze, Faydé! È solo che non vuoi dirmi i tuoi segreti.»

«Ma è la verità. Non tutti devono essere innamorati.»

«Da voi a che età ci si sposa?»

«Quando vuoi tu, o quando vuole la famiglia. Il matrimonio può andare bene se incontri un uomo gentile di cui ti innamori, ma può essere un disastro se devi sposarti per forza dopo che ti hanno rapito, come succede ancora spesso.»

«Ma cos'è questa storia del matrimonio dopo un rapimento? Non ne ho mai sentito parlare.»

«Be', se ti ritrovi intorno un corteggiatore troppo prepotente, lui può decidere di rapirti anche se tu non lo vuoi. Fa parte della tradizione. Quest'anno la mia amica Fanta ha dovuto sposare il suo rapitore, anche se non lo voleva. E nessuno al villaggio ci ha trovato niente da ridire. È la tradizione, e non puoi sfuggire alle tradizioni. È un matrimonio riconosciuto e accettato. E così, lei è rimasta al villaggio.»

«Rapirti? Ma è orribile, è una cosa da selvaggi. E la famiglia glielo lascia fare?»

Faydé abbozza un sorriso. Sì, è una cosa barbara essere rapite e sposate con la forza. Ma un matrimonio forzato è sempre un matrimonio forzato, anche se avviene in città, tra famiglie perbene. Un matrimonio è comunque forzato, nel momento in cui si basa sulla persuasione, sul ricatto emotivo, sulle minacce, o usa come pretesto la religione. La barbarie rimane la stessa. Se si fanno bene i conti, ci sono forse più barbari a Maroua che nei villaggi circostanti.

Faydé si stringe nelle spalle, rassegnata.

«È una vecchia tradizione, ma a poco a poco sta scomparendo.»

Quello che Faydé non le dice è che in effetti sì, è innamorata, ma è fin troppo consapevole della sua condizione, e sa bene che lui non la guarderà neanche. Perché lui è uno di quelli di cui Faydé non ha il diritto di innamorarsi. *Il cuore non è un ginocchio che si piega*, dice un proverbio fulani. Purtroppo il cuore ha le sue ragioni «che la ragione non conosce». Non lo si può costringere a rassegnarsi alla fatalità di un divieto. Il cuore è indipendente, fa di testa sua e rimane sordo a consigli e raccomandazioni. È ribelle e irragionevole.

Faydé ha messo gli occhi su Boukar.

È uno dei tanti nipoti della famiglia, e dà abitualmente ripetizioni a cugine e cugini: a Leïla, a Naïma e ai ragazzi. Si è appena laureato, e insegna in un liceo. Faydé ha memorizzato gli orari delle sue lezioni. Viene il lunedì per Naïma e le sue sorelle, che sono alla scuola primaria e non hanno mai voglia di ripassare, il mercoledì per i ragazzi che frequentano la scuola secondaria, il sabato sera per Leïla, che si sta preparando per la maturità. Ogni volta Faydé aspetta con impazienza il suo arrivo, e cerca di essere più presentabile che può senza attirare troppo l'attenzione.

Lo saluta sempre e a volte rimane nelle vicinanze, per ascoltare le sue lezioni. A differenza dei suoi vari fratelli e cugini, Boukar non ha un'aria altezzosa e sprezzante. Non gli piacciono gli eleganti *boubou* di cotone colorato, e porta solo un paio di jeans e una maglietta. Quando si dilunga nelle spiegazioni ai suoi allievi, nell'orecchio di Faydé rimane l'eco della sua voce bella e profonda. Lui le sorride con dolcezza e a volte le rivolge la parola.

Leïla interrompe le sue fantasticherie.

«Faydé, com'è possibile che non sia innamorata, alla tua età? Non è che mi stai raccontando una bugia? Non sei brutta per essere una domestica, ci sarà pure qualcuno che ti corteggia. Qualche ragazzo del tuo villaggio?»

Quando Leïla inizia a parlare d'amore o di romanticismo, non la smette più. Terribilmente romantica, innocente e ingenua, freme di felicità e piange guardando le telenovelas brasiliane o i film di Bollywood, dove le belle ragazze sposano sempre la persona che amano. Per Leïla la vita deve somigliare a quello che si vede nei film. A volte è lei stessa a creare problemi per mettere alla prova il fidanzato, per il solo piacere di riconciliarsi poi con lui. Arriva al punto da farsi talmente prendere dal gioco da mettersi a sospirare, e addirittura piangere, per dei malintesi che lei stessa ha provocato.

«Dài, Faydé, dimmi la verità. Hai qualcuno?»

«No, al momento no.»

«Allora potrai venire con me a Douala dopo il matrimonio. Sarai la mia domestica. Sarà più facile per me e chiederò a Mohamadou di darti uno stipendio migliore. Sai cucinare e mi piaci. Che buona idea, ne parlerò con Diddi. Ecco, tu verrai con me, che sollievo!»

Per Leïla, avere una domestica per la sua futura casa è qualcosa di scontato e il fatto che Faydé accetti di accompagnarla e continuare a servirla ne è una logica conseguenza. Non è forse abituata a ottenere tutto quello che vuole? E poi, quale servetta di montagna rifiuterebbe di trasferirsi a Douala, tanto più se ottiene un aumento? Quanto sarebbe scandalizzata Leïla, se sapesse la verità sui sentimenti che prova Faydé! Non si immaginerebbe mai che la sua timida e tranquilla domestica sia caduta preda del fascino di suo cugino.

Di notte, Faydé pronuncia il nome di Boukar solo per il piacere di sentirlo. Appena pensa a lui, le si stringe il cuore e piange in silenzio. È la prima volta che si sente innamorata. Un amore senza speranza.

2

Il cuore è davvero irragionevole, non c'è niente da fare. Non ragiona e fa solo quello che gli pare. Quando ama, è ribelle, cieco e sordo a ogni consiglio. Non mostra alcun ritegno e se ne infischia delle barriere sociali. Niente può fermarlo.

Faydé è innamorata. Pensa a Boukar di continuo, anche se sa perfettamente che quella storia non andrà da nessuna parte, le porterà solo noie di cui non ha bisogno e una profonda tristezza perché è senza speranza. Faydé è innamorata della persona sbagliata, e lo sa. È un amore impossibile, il suo.

Quando Boukar arriva alla concessione, usa come aula il grande garage dove ci sono diverse lavagne appese alle pareti. È sempre di buon umore e si impegna a spiegare le lezioni finché non è sicuro che siano state ben assimilate. Badando a non rivelare nulla dei propri sentimenti, Faydé assiste con discrezione, e non le sfugge nulla: capisce tutto e impara. Purtroppo, la maggior parte delle volte le capita di essere chiamata per un lavoro o una commissione da fare, e si vede costretta ad allontanarsi a malincuore.

Mentre le sue amiche si portano via posate, piatti e stoviglie per completare i corredi che stanno mettendo insieme sotto il naso dei loro padroni, Faydé raccoglie vecchi quaderni e romanzetti che Leïla non vuole più. E legge più che può! Era difficile all'inizio, ma con l'andare del tempo è migliorata. Anche per questo Srafata, Danna e Bintou non mancano di prenderla in giro.

«Che senso ha leggere tutta questa roba che non ti servirà a niente? Hai forse intenzione di tornare a scuola?»

«No, è solo perché mi interessa.»

«Bintou, vedrai che finirà per iscriversi di nuovo. A Faydé è sempre piaciuta la scuola, a differenza di noialtre, ché a noi piaceva di più marinarla, la scuola. Ve lo ricordate che piaceva a tutti gli insegnanti e che è andata alla scuola del villaggio per tre anni? Non è mica una domestica come le altre» scherza Danna.

«Lasciala in pace, Danna, se vuole imparare qualcosa, può farlo. Nulla le impedisce di iscriversi alle scuole serali, se ne ha voglia. Molti del villaggio che durante il giorno lavorano ci vanno», la riprende Srafata. «Guardate Benoît, per esempio.»

«I ragazzi sì, lo so. Ma quante ragazze ci vanno, alle serali?»

Una sera, una felice coincidenza avvicina Faydé a colui che le fa battere il cuore. Lei è uscita per andare a comprare qualcosa nelle vicinanze e lui sta tornando a casa. Lei cammina tranquilla, e lui regola l'andatura sulla sua. Sono solo un giovane uomo e una ragazza che camminano fianco a fianco. Non notano gli sguardi di disapprovazione di coloro che li conoscono, e perciò non apprezzano quello che sembra un eccesso di vicinanza.

«Dimmi, Faydé, è da molto che sei a Maroua?»

«Sì, professore. Quasi due anni.»

«Non è poco. È strano che non mi sia accorto di te, prima di cominciare con le ripetizioni. Da dove vieni?»

«Dalle montagne.»

Boukar è molto bello, soprattutto quando sorride. È alto e anche i suoi occhi sembrano sorridere, e ha sempre un'aria rilassata. I gessetti che maneggia tutto il giorno non lasciano tracce sulle sue unghie perfettamente curate. È un uomo allegro, che ama scherzare con i bambini e le domestiche della concessione, ma gli sguardi che rivolge a Faydé sono particolarmente dolci dal giorno in cui l'ha sorpresa a leggere un romanzo, uno di quei romanzi rosa che piacciono tanto a Leïla. Faydé ha cominciato a sfogliarne uno per curiosità e ha finito per appassionarsi. Finché un giorno Ayya le ha detto, in tono sprezzante: «Faydé, oggi ho dovuto aspettare mezz'ora prima che ti decidessi a lavarmi i vestiti del bambino, in compenso ti ho vista con un libro in mano. Come se tu sapessi leggere, poi, che ci mancava solo una cameriera che legge, in questa casa!».

I bambini appostati nelle vicinanze sono scoppiati a ridere, e Faydé ci è rimasta male. Da allora Hamza, il più scalmanato nel gruppo degli adolescenti, l'ha soprannominata «la domestica sapiente». E lei non si è più fatta vedere con un libro in mano.

Continuando a camminare accanto a lei, Boukar le chiede con un tono dolce venato di sorpresa: «Faydé, a te piace leggere?».

«No, professore. Sono solo una cameriera e i domestici non sanno leggere» risponde lei con pacata tristezza.

«Sei una ragazza intelligente, si vede. E lo so che sai leggere e segui tutte le mie lezioni in questa casa. Mi chiedo se il tuo livello non sia superiore a quello di qualcun altro» aggiunge pensieroso.

Faydé è innamorata, anche se non si fa alcuna illusione. Il suo cuore ha scordato i consigli che aveva ricevuto. Invece di innamorarsi di un bel ragazzo muscoloso del villaggio, si è affezionata a qualcuno che non potrà mai amarla. E dire che più di un giovanotto si è fatto avanti con lei, ma senza successo. Alcuni si sono messi addirittura a farle una corte tanto assidua da metterla in imbarazzo, altri le hanno proposto il matrimonio, ma lei li ha respinti tutti. Una ritrosia che ha stupito le sue amiche. E una sera Srafata, dopo essersi sorbita le lamentele dell'ennesimo innamorato respinto da Faydé, le ha chiesto: «Faydé, mi stai nascondendo qualcosa?».

«Di che genere, Srafata?»

«Alphonse è venuto a parlarmi di nuovo, oggi. Perché lo respingi? È un bravo ragazzo. È bello ed è una persona in gamba.»

«Non sei stata tu, Srafata, a dirmi fin dall'inizio che non sono qui per divertirmi?»

«Ma...»

«Non ti sto nascondendo nulla. Non voglio Alphonse né nessun altro. Lasciami in pace» ha concluso, voltandosi.

Poi ha fatto finta di dormire.

Alla fine di ogni lezione Boukar lascia una lavagna coperta di esercizi per Hamza, che sta preparando gli esami. Ma Hamza è in piena crisi adolescenziale, a lui interessano solo le moto e i vestiti, con grande disperazione di sua madre Diddi. Quanto a suo padre, se ne infischia e basta. Pensa che se Hamza non ha voglia di continuare gli studi, potrà sempre instradarlo verso qualche attività commerciale. Neanche lui è andato a scuola, questo gli ha forse impedito di diventare un facoltoso uomo d'affari, di avere diverse mogli e di mantenere la famiglia?

Hamza è più vecchio di Leïla di qualche mese,

ma ha ripetuto così tanti anni che Leïla lo ha sorpassato. Invece di impegnarsi di più salta la scuola, non fa i compiti che gli dà Boukar e si fa pregare per venire a lezione. Se non ha ancora abbandonato del tutto gli studi è solo perché sua madre ha insistito così tanto.

Un giorno, per divertimento, Faydé prende un pezzo di gesso e comincia a risolvere l'equazione che Boukar ha lasciato sulla lavagna, sotto lo sguardo divertito di Biri. Quando arriva la sera Boukar corregge il compito, pensando che Hamza abbia finalmente deciso di impegnarsi.

«Complimenti, Hamza. Vedi che è facile? Hai finalmente capito questa scomposizione di fattori che ti spiego da una settimana.»

«Non sono mica stupido, Boukar» ribatte Hamza con arroganza.

«Sta mentendo. È stata Faydé a scrivere sulla lavagna, l'ho vista» interviene Naïma, ridendo ed evitando per un pelo la pacca che suo fratello tenta di rifilarle.

Dopo la lezione, invece di andarsene come suo solito, Boukar si attarda, si ferma a cena e chiacchiera un po' con lo zio, fino a quando non vede la giovane domestica uscire dalla concessione. A quel punto saluta, e la segue con discrezione. Sta per scomparire quando lui la chiama a mezza voce.

«Faydé, devo parlarti.»

Il cuore inizia a batterle fortissimo, ma Faydé si riprende subito. Di certo Boukar ha bisogno di mandarla a fare una commissione. Per quale altro motivo dovrebbe parlare con lei?

«Stavo tornando a casa, professore. Non sapevo che ci fosse ancora bisogno di me. Vogliono che torni?»

«No, no» risponde lui, con un gesto deciso della mano. «Ho bisogno di sapere una cosa, Faydé, quindi non mentire. Sei tu che hai fatto i compiti di matematica?»

«Era solo per divertirmi, professore. Non avrei dovuto toccare la lavagna. È arrabbiato con me? Mi dispiace. E avrò anche dei guai con Hamza» aggiunge lei in tono triste. «Lui adesso ce l'ha con me.»

«Non sono affatto arrabbiato, solo incuriosito. Hai risolto perfettamente gli esercizi. Dimmi, che classe fai?»

«Facevo le medie. Avrei dovuto andare in quarta al ritorno a scuola, ma...»

«Perché hai smesso di studiare?»

Faydé sospira, contrariata. Boukar non è diverso da tutte le altre persone benestanti che abitano in città, e sono del tutto ignare di quello che succede fuori. Per alcuni anche la scuola può essere un lusso fuori portata. E lei non ha smesso, ha *dovuto* smettere di andarci, a scuola – è diverso. L'abbandono scolastico è la norma in tutta la regione.

«Mia madre non poteva più pagare, facevamo una vita troppo dura.»

«Troppo dura? La scuola è quasi gratuita.»

«Quasi, professore, ma non del tutto. Bisogna pagare l'iscrizione, l'uniforme, i materiali. I miei genitori sono contadini e non piove quasi più, le stagioni sono cambiate così tanto che i raccolti sono sempre più scarsi. Io sono la sorella più grande, così ho dovuto farmi da parte per dare la possibilità anche ai più piccoli di andare a scuola, tanto più che sono maschi.»

Appoggiato al grande *neem* i cui rami danzano nella brezza della sera, Boukar è molto attraente. Faydé coglie la freschezza della sua acqua di colonia.

È così vicino a lei da farle palpitare il cuore, e da metterla a disagio. È appena più alto di lei. Faydé fa un passo indietro. Boukar abbozza un sorriso.

«Capisco, Faydé. So che a volte è complicato. A proposito, com'è il tuo villaggio? Hai dei fratelli? Raccontami tutto.»

È la prima volta che a qualcuno interessa saperne di più di lei, della sua famiglia e della sua vita. Capisce che l'uomo di cui si è innamorata nasconde una grande sensibilità. Lei è solo una domestica e passa quasi inosservata in città, come se non potesse esistere se non nel suo ruolo di serva. Nessuno nella concessione le ha mai fatto domande sulla sua famiglia o sul villaggio. Anche Leïla, con cui parla spesso, non sa bene da dove viene. Le si stringe il cuore e sente di amare Boukar ancora di più. In quel momento, l'intensità del suo sguardo basta a farle dimenticare tutto ciò che li separa.

«Raccontami!»

«Non è interessante, professore. E poi qui fuori ci vedranno: la gente si farà delle domande.»

Stanno solo parlando, in effetti, ma un uomo e una donna possono conversare senza che la cosa venga giudicata male? Di che cosa possono mai parlare un giovane uomo e una giovane donna che non sono imparentati, in una città dove le persone di sesso opposto non hanno il diritto di parlarsi in pubblico? Se Srafata o qualcuno del villaggio la vede attardarsi con il giovane professore, le chiederanno spiegazioni. Se qualcuno del quartiere li vede, non mancheranno certo i pettegolezzi.

«Lo vorrei sapere lo stesso» insiste lui, sorridendo con noncuranza. «Non mi interessa cosa vedono gli altri. Ma se vuoi andare a casa...»

Seduta su una vecchia panchina lasciata da Ibrahima, Faydé stringe fra le dita un lembo del suo *pagne* per darsi un contegno, e comincia a raccontare la sua storia.

Ben presto si ritrova nei campi, sulla montagna, dentro la minuscola capanna di sua madre, quasi sicuramente umida in questo periodo dell'anno. E parla di una donna coraggiosa che cresce i suoi figli da sola, accennando con tenerezza alla più piccola, l'ultima nata. Parla a lungo Faydé, e quando non ha più niente da dire tace e chiude le palpebre. Il giovane non si è mosso. Anche lui chiude gli occhi, come per assimilare meglio l'ambiente che lei ha appena descritto.

«Conosco il tuo villaggio, sai» dice con voce gentile. «Ho fatto il mio stage di formazione alla fine dell'università nella scuola lì vicino, la stessa probabilmente che frequentavi tu. Il tuo insegnante di matematica era Bala, che è un mio amico. Devi assolutamente riprendere a studiare.»

«No, io devo lavorare. Se non lavoro, mia madre non riuscirà mai a cavarsela» esclama Faydé, alzandosi di scatto.

«Certo, infatti io non ti sto chiedendo di lasciare il lavoro, ma ti aiuterò a iscriverti ai corsi serali. Ce la puoi fare a superare l'esame quest'anno, il tuo livello è più che sufficiente, e non è troppo tardi per presentarti.»

«Non ho i soldi per la domanda e l'iscrizione. Mia sorella è malata e devo pensare alle medicine per lei, questo mese. Inoltre, non ho il tempo di frequentare le lezioni. Ci ho rinunciato anni fa, ormai è troppo tardi.»

«Non è mai troppo tardi per andare avanti, Faydé.»

«Perché ti preoccupi di me?»

È la prima volta che qualcuno si interessa di lei senza aspettarsi nulla in cambio. Faydé è così abituata a essere disprezzata, ignorata, che l'interesse di quest'uomo ora la rende sospettosa. Si scrutano per un breve istante nella penombra.

«Perché sono un insegnante e il mio lavoro è insegnare. È un lavoro che ho scelto, perché più amo di ogni altra cosa trasmettere quello che so. E penso che siano soprattutto le ragazze ad aver bisogno di essere incoraggiate. Inoltre, conosco il tuo villaggio e tutti i villaggi circostanti, e mi piacciono le montagne. Non ti sembrano dei buoni motivi?»

«Non ha senso continuare a parlarne. Non mi serve avere un diploma. Al villaggio, anche quelli che si sono presi un diploma fanno i domestici.»

«Guardami, Faydé. Non pensi che io abbia buone intenzioni? Essere una domestica non è una vergogna, anzi. È un lavoro difficile, e richiede coraggio. Ma nella vita bisogna andare avanti.»

Faydé non dice nulla. China la testa, chiude gli occhi e lascia che le sue lacrime scorrano in silenzio.

«Comincerai domani, al liceo del quartiere.»

Faydé guarda Boukar allontanarsi. E ci prova a elencare tutte le ragioni per cui non può fare altro che rinunciare a questa storia impossibile, ma non c'è niente da fare. Ama quest'uomo come solo un cuore disperato può amare, senza limiti.

3

Il mese di Ramadan sta per cominciare. Tutta la famiglia si prepara per questo momento importante. Vengono macellati un manzo e un montone e si fa scorta di sacchi di arachidi, miglio e cipolle, che vengono stipati nel magazzino accanto alle cucine. Biri passa il tempo a spaccare legna e ad accatastarla in magazzino. Perché, anche se a volte si cucina col gas, si preferisce accendere il fuoco con la legna e la carbonella. Faydé passa diversi giorni a tostare le arachidi, prima di portarle al mulino per ottenere una pasta liscia e dolce, così vellutata e gustosa che non esita a rubarne un po' – ai suoi fratelli piacerà tantissimo affondarci le dita.

Alla vigilia del grande mese, mentre sta sparecchiando i piatti della colazione, Diddi la chiama.

«Faydé, domani comincia il Ramadan. Per questo mese avrai più lavoro, ma ti aiuteremo, tanto non saresti in grado di cucinare tutto da sola. Alhadji rompe sempre il digiuno insieme ai suoi dipendenti, agli amici e anche ai vicini. Vuol dire avere qui più di trenta persone. Dovrai passare la notte da noi, perché dovrai alzarti a preparare da mangiare anche alle tre del mattino. Troveremo un modo per organizzarci, e poi sarà solo per un mese.»

Faydé non è sorpresa, Srafata l'ha già istruita sull'argomento. E nessuno chiede la sua opinione: le viene solo detto cosa dovrà fare.

La normale routine all'interno della grande concessione ne esce sconvolta per tutto il mese santo, ma ben presto si instaura un'atmosfera di allegria e di festa, soprattutto perché quest'anno coincide con le vacanze scolastiche.

Faydé si alza di nuovo verso le otto, mentre tutti gli altri ancora dormono. Lava i piatti, spazza il cortile e fa il bucato. Prepara anche la colazione per i bambini, che sono ancora troppo piccoli per osservare il digiuno. E a mezzogiorno iniziano i grandi preparativi in cucina.

Bisogna preparare il succo di *foléré* ai fiori d'ibisco, la limonata allo zenzero, il succo di mango o di guaiava e metterli in frigo. Bisogna tagliare a pezzi la carne e lasciarla cuocere a fuoco lento per ore. Un po' di carne la si metterà nella zuppa che verrà servita per rompere il digiuno, poi, per il secondo pasto, nel sugo di verdure per accompagnare il riso. Si impasta la farina per preparare le frittelle *wayna* e si frullano i fagioli dall'occhio per cuocere le frittelle *kossaye* da servire con la zuppa. Bisogna pulire i polli, tagliare a pezzi l'agnello e condirlo, prima di consegnare il tutto a Biri, che ha il compito di cuocere la carne sulla brace. Le patate, le patate dolci e le banane devono essere sbucciate e affettate a chips. Si lavano le foglie di lattuga e i pomodori, si tagliano i cetrioli e le carote e si prepara il condimento per l'insalata. Bisogna preparare del tè aromatizzato ai chiodi di garofano, alla citronella o alla menta, tagliare angurie, ananas o papaya. Bisogna preparare il couscous e il sugo di verdure, mentre si dispongono in piccole ciotole i datteri per rompere il digiuno. E questi sono solo i compiti legati alla cucina! Perché bisogna continuare a occuparsi anche della concessione.

Quando si avvicina l'ora fatidica, prima della chiamata del muezzin per la preghiera del *maghrib*, nel preciso momento in cui il sole tramonta, Biri spruzza un po' d'acqua sulla sabbia nel grande cortile per raffreddare il terreno e impedire che si alzi la polvere. Bisogna stendere i grandi tappeti per i cuscini cui si appoggeranno gli uomini durante la digestione, e disporre sul tappeto la tovaglia prima di metterci sopra i piatti, i bicchieri, le tazze, le posate, i tovaglioli e gli stuzzicadenti.

Alhadji mangia sempre in compagnia dei suoi figli, dei vicini e di parecchi dipendenti. Il prestigio e la reputazione di una persona benestante si basano soprattutto sulla sua generosità e sulla capacità di sfamare tutte le bocche che vogliono venire a cena a casa sua, soprattutto durante il Ramadan. Le donne, invece, rimangono all'interno del recinto e consumano i loro pasti sotto il grande porticato.

Il rituale della rottura del digiuno e l'ordine delle diverse portate sono immutabili. Appena il muezzin chiama si comincia con un dattero e subito dopo si beve dell'acqua. La cena prosegue dapprima con la zuppa di avena e i succhi di frutta. Poi la zuppa con le frittelle e la frutta, prima di fermarsi per le preghiere del *Maghrib* e di *Ishā* nella vicina moschea. Nel frattempo, Biri e Faydé, insieme ai guardiani della concessione, sparecchiano i piatti sporchi, puliscono i tappeti e si preparano per la seconda parte del pasto, che inizia appena finite le preghiere.

Ed ecco arrivare il pollo e la carne alla brace, l'insalata e le chips fritte di patate e banane, il tutto accompagnato dal tè. Poi ci si prende il tempo per chiacchierare in allegria fino a tardi. Si parla di politica e di affari, ma è anche un momento di relax durante il quale gli ospiti di Alhadji gli raccontano i pettegolezzi, che a lui piacciono tanto. Infine, prima di salutarsi, il gruppo mangia un'ultima portata a base di couscous, riso o mais tradizionale, accompagnato dal sugo di verdure.

Per Faydé è il momento di lasciare la cucina e fare una doccia veloce, prima di dormire un po' sotto il porticato o nel salotto della seconda moglie. La sposa a cui tocca il turno di notte coniugale, il *walaande*, la sveglierà verso le due di notte per farsi aiutare a preparare la colazione, che deve essere consumata prima dell'alba.

La concessione si anima al calar della sera, tra le grida dei bambini che si divertono con i videogiochi, le discussioni e le risate degli ospiti di Alhadji. Solo le preghiere riescono a interromperli per qualche momento, prima che riprendano con gran lena a svuotare i piatti fumanti. Dopo il pasto serale, le mogli tornano nei loro appartamenti e accendono il televisore. Non guardano più le serie, ma i film di Bollywood per continuare a sognare, i film sull'Islam per rafforzare la loro fede e i dvd degli ultimi matrimoni celebrati in città. I filmati dei matrimoni sono pane per i denti di Leïla, che se li divora studiando ogni minimo dettaglio, perché il suo matrimonio è ormai prossimo ed è impensabile che una delle altre cerimonie sia organizzata meglio della sua. Vuole che la festa sia perfetta, i suoi abiti più sontuosi, i suoi regali più numerosi, le decorazioni più lussuose di qualsiasi cosa abbia visto passare sullo schermo. Non parla d'altro che della scelta delle damigelle. Per lei il matrimonio sembra coincidere con le diverse fasi della cerimonia, e poi basta: non parla mai della sua vita futura.

«Diddi, hai visto il vestito per la festa d'addio di

Madina? Penso che sia troppo banale come colore, e il modello è fuori moda. Preferisco il vestito di Didja. Oh, Allah, ma non è possibile, Diddi!» esclama, scandalizzata. «Guarda il suo mantello, è dello stesso colore di quello che mi hai comprato tu. No, niente da fare, io quello non me lo metto proprio. Bisogna cambiarlo.»

«Penso che quello che ti hanno comprato sia molto bello» obietta timida Faydé.

È rimasta stupita quando è stato consegnato l'*alkibbare*, il mantello nuziale di Leïla: è di un tessuto così lucido, così morbido al tatto, e sembra un gioiello, da quanto brilla sotto la luce. Faydé non ha mai visto un tessuto così vellutato. Come può Leïla voler cambiare un tale splendore?

«Sei solo una contadina, Faydé, taci che non capisci niente!» ribatte bruscamente Leïla.

Durante gli ultimi dieci giorni di Ramadan il fermento arriva al culmine. Si ha l'impressione che la città non dorma mai. A qualunque ora della notte la gente chiacchiera, esce, passeggia. I sarti lavorano a un ritmo frenetico per soddisfare i loro clienti prima dell'arrivo del grande giorno. Diddi, con lungimiranza, ha già fatto cucire i vestiti per tutta la famiglia. Leïla ha fatto confezionare diversi abiti e altri gliene ha regalati il suo fidanzato.

È riuscita anche a farsi dare il permesso di andare al mercato centrale di notte per comprare delle scarpe. Diddi ha preteso che si facesse accompagnare dai suoi fratelli e dall'autista. Faydé era curiosa e ha colto l'occasione per andare con lei.

Così tanta gente e così tante luci non le aveva mai viste. Sembra che tutta la città si sia data appuntamento qui. I negozi sono affollati all'inverosimile. Abbagliata, Faydé non sa più dove posare lo sguardo. Da vera habitué Leïla si muove invece di bancarella in bancarella, di negozio in negozio. È venuta a comprare un paio di scarpe e finisce per prenderne tre, e poi una borsetta, fermagli per capelli e prodotti per il trucco. L'autista, un uomo riservato, che parla a malapena, sembra essere di buon umore questa sera e fa scivolare nella mano di Faydé una banconota da duemila franchi, suggerendole di comprarsi anche lei un paio di sandali.

L'indomani, dopo cena, quando Faydé chiede a Diddi il permesso di andare a trovare le amiche per qualche ora, la padrona le tende un nuovo *pagne*.

«Tieni, Faydé, questo è per te. Devi farti bella per il giorno della festa di fine Ramadan.»

«Oh, è molto bello, Diddi. Grazie mille.»

«Be', te lo meriti! Chiunque abbia preparato la zuppa del Ramadan merita un *pagne*, è la tradizione! E non puoi lavorare il giorno della festa senza essere ben vestita. Molte persone verranno a trovarci. Ma visto che tu non hai digiunato,

Faydé, dovremo ritoccarlo, vero, Leïla?» aggiunge maliziosa.

«Sì, Diddi, Faydé dovrebbe vergognarsi. Come si può mangiare mentre gli altri sono a digiuno? Neanche un giorno?»

«Domani digiunerò. Ma intanto devo trovare un sarto per il mio *pagne*.»

La gioia le brilla sul volto. È un *pagne* nuovo, colorato, con dei bei disegni, non uno già indossato da qualcun altro. Ed è tutto suo, solo suo, per la festa! Tutta la stanchezza che ha accumulato si dissolve in un istante, mentre corre felice dalle sue amiche. Appena arriva nella loro stanza apre il pacchetto sotto gli occhi delle altre, che stanno chiacchierando allegramente.

«Il mio *pagne* per la festa! Mi hanno regalato un *pagne* nuovo, guardate com'è bello!»

«Davvero bello, ti starà bene questo colore rosa! Sono stati generosi, questo è di buona qualità, costerà almeno ottomila franchi. E guarda il mio, anch'io ieri ho ricevuto un *pagne* in regalo.» Srafata estrae dalla borsa un *pagne* azzurro e lo porge a Faydé.

«E a te, Bintou? Anche a te hanno dato un *pagne*?»

«Sì, me ne hanno dato uno.»

«Non ce lo fai vedere?»

Con un sospiro, Bintou tira fuori un pacchetto da sotto il cuscino e lo porge alle amiche senza una parola.

«Bintou!» esclama Srafata, sbalordita. «Ma stai scherzando? Dove hai preso questo velo di pizzo? Varrà almeno cinquantamila franchi. Non è di certo la tua padrona che te lo ha dato.»

«È stato un uomo a regalarmelo, il mio innamorato.»

«Un uomo del nostro villaggio ti ha regalato un *pagne* di questo valore per la festa del Ramadan? Bintou, dimmi che non ti stai cacciando nei guai.»

«Non ho mai parlato di qualcuno del nostro villaggio» risponde Bintou infastidita, alzandosi di scatto. «E non preoccuparti, non l'ho rubato, è un regalo del mio ragazzo. E allora? Lasciatemi in pace!»

Faydé vorrebbe insistere per saperne di più su questo misterioso innamorato, ma Bintou ha già voltato loro le spalle – dopo aver ripreso il suo prezioso *pagne* per rimetterlo sotto il cuscino.

È strano. Bintou è cambiata, sta nascondendo qualcosa. L'allegra ragazza dei mesi scorsi ha lasciato il posto a una creatura malinconica.

«Dammi il tuo *pagne*, Faydé, lo porterò dal sarto insieme al mio» sospira Srafata, turbata dal comportamento di Bintou, che ultimamente è diventata fin troppo irritabile. «Conosco uno che li confezionerà in tempo per la festa. Ovviamente, Bintou, se vuoi far fare anche il tuo, non hai che da venire con noi.»

«Bintou, sai che siamo come sorelle. Si vede bene che sei cambiata, che sei triste, raccontaci tutto. Quanto è diventata seria, questa tua storia, perché lui arrivi al punto di regalarti un *pagne* del genere?»

«Tanto seria quanto può esserlo una storia con un musulmano che pensa che anch'io sia una musulmana. Un ragazzo di città che pensa che io sia una ragazza di città. Un Fulani che mi crede una Fulani! I soldi, i regali, il telefono, è sempre lui.»

«Continuando a mentire non arriverai da nessuna parte» la ammonisce Srafata.

Bintou le fissa con espressione seria, prima di continuare.

«Mi ricopre di doni, mi dice che mi ama, e che è pronto a sposarmi. Sono mesi che mi tormenta, chiedendomi di presentarlo ai miei genitori. Ma è chiaro che quella che ama non sono io, non è Bintou, la serva che viene dalle montagne.»

«Può darsi che lui ti ami anche per quello che sei» mormora Faydé.

«Finiscila con questa storia prima di metterti nei guai, Bintou» conclude Srafata, ignorando il commento di Faydé. «Altrimenti, lo sappiamo molto bene come andrà a finire.»

Il giorno della festa del Ramadan Faydé si alza presto, fa le pulizie, spazza il cortile e aiuta in cucina. A mezzogiorno è esausta ma ha finito tutte le faccende e può farsi bella. Che piacere fare una lunga doccia e indossare il suo bel *pagne* nuovo! Il giorno prima, grazie alle mani esperte di Danna, si è fatta delle trecce più sottili ed eleganti del solito. E Bintou le ha regalato, come anche alle altre amiche, dei bijoux dorati.

Quando entra nella stanza di Leïla, quest'ultima è così sorpresa di vedere la sua cameriera tanto diversa dal solito che insiste perché si trucchi. Imitando i gesti di Leïla, per la prima volta Faydé si incipria il viso, si ridisegna le sopracciglia, sottolinea gli occhi con il kajal e stende sulle labbra un velo di rossetto di un bel rosa brillante. Leïla le presta volentieri una pochette.

Tutta felice, Faydé fa il giro della concessione e ognuna delle padrone le fa dono di una piccola mancia. Persino Ayya, di solito così scontrosa, le sgancia mille franchi, prendendola un po' in giro.

«Faydé, come sei bella oggi, sembri quasi una musulmana. Ora capisco perché si dice che un uomo non dovrebbe mai e poi mai corteggiare una donna il giorno della festa di Ramadan. La piccola che viene dalle montagne si è data da fare.»

Faydé è orgogliosa e felice. È bella e lo sa, niente può farle del male, oggi.

Diddi è indaffarata a disporre sui vassoi i dolci preparati appositamente per l'occasione, e la chiama.

«Faydé, sai qual è la casa di Alhadji Bakary? La grande casa dopo l'incrocio, non puoi non saperlo, è la più grande e la più bella del quartiere. È quella di mio fratello. Porta questo piatto di pasticcini alla sua prima moglie. Fai attenzione: la prima moglie, non la seconda, che è una vera strega, e potrebbe dire che l'ho avvelenata. Il primo appartamento a destra, entrando nella concessione, è quello della prima moglie. Devi solo chiedere al custode e dire che ti mando io. Ma non stare in giro a bighellonare! Poi ti devo mandare anche a casa della mia amica Damdam.»

Certo che Faydé conosce la casa di Alhadji Bakary, anche se non ci è mai entrata perché il doppio cancello è sempre chiuso, e la presenza delle guardie è un deterrente. È la concessione più lussuosa del quartiere. In compenso, non sapeva che Alhadji Bakary fosse il fratello della sua padrona.

Due guardie sono appostate all'ingresso e chiacchierano, sorseggiando bibite. Il cancello è spalancato e la gente entra ed esce senza particolari controlli perché è un giorno speciale. I *griot* suonano tamburelli e flauti, cantando le lodi del padrone di casa. Bougainville con fiori rossi e viola crescono lungo le alte pareti in un rigoglio di colori smaglianti. Al centro della concessione troneggia una fontana, circondata da fiori. È la prima volta che Faydé ne vede una, e ne rimane meravigliata.

Trova subito e senza fatica l'appartamento della prima moglie. Quest'ultima se ne sta seduta maestosa su un divano, indossa un *boubou* scarlatto e sontuosi gioielli d'oro. Il soggiorno è splendido, con le sue poltrone imponenti, e sul tavolo centrale sono allineati pasticcini, bibite e dolciumi.

Dopo aver salutato, Faydé dice timidamente: «Diddi mi ha mandata a portarle questi pasticcini, e le augura una buona festa».

«Ah, che gentile! Ma come ti chiami? Non ti conosco, anche se il tuo viso mi sembra familiare. Sei una nipote della famiglia, forse?»

«No. Sono Faydé, la domestica di Diddi.»

«Ah, d'accordo, la domestica, allora ringrazia Diddi da parte mia. Ma prima di andare prenditi un succo dal tavolo» aggiunge la prima moglie, con un ampio sorriso che mette in mostra i due incisivi incapsulati in oro.

Poi accoglie altri ospiti.

Con grande sorpresa, Faydé trova Leïla vicino alla fontana, impegnata a scattarsi dei selfie. La ragazza è di buon umore ed esclama: «Ma guarda, Faydé! Cosa ci fai qui?».

«Mi ha mandato Diddi.»

«Oh sì, certo! Sono belli, vero, tutti questi fiori e la fontana? Mi piace molto questa casa, è proprio bella. Ho già detto a Baaba di far mettere una fontana anche a casa nostra, ma non mi dà retta. Peccato… Sei bellissima oggi, Faydé. Ti faccio una foto.»

Boukar, che è appena arrivato, si ferma vicino alle ragazze.

«Leïla, eccoti qua. Sono stato a casa tua poco fa e non ti ho trovata. *Barka da sallah!* Buona festa anche a te, Hapssi!»

Leïla fissa suo cugino, mentre Faydé si gira per vedere la famosa Hapssi, invano.

«Cugino, non mi dirai che non hai riconosciuto Faydé? È vero che oggi è diversa, ma è sempre lei. Pensi a Hapssi così tanto che la vedi ovunque!»

Leïla scoppia a ridere beffarda, mentre Boukar, ammutolito, aggrotta la fronte. Per un breve istante i loro sguardi si incrociano e Faydé legge la sorpresa negli occhi di Boukar. Senza una parola, lei gira sui tacchi e fa per allontanarsi, ma lui la chiama: «Faydé, è festa, e non ti ho dato il tuo regalo».

Lei finge di non aver sentito e si avvia verso il cancello. Ha fretta di andarsene, ma Boukar la raggiunge.

«Faydé, ho detto che non ti ho ancora dato la tua *barka da sallah*. È la tradizione. Eccola, tieni!»

Tira fuori una banconota dalla tasca e gliela fa scivolare in mano, poi si volta e si allontana per rispondere al telefono. Aprendo le dita, Faydé scopre una banconota da diecimila franchi. È una somma superiore alla sua paga mensile, dev'essere un errore. Così torna indietro e aspetta che lui chiuda la telefonata.

«Professore... deve essersi sbagliato. È una banconota da diecimila franchi quella che mi ha dato» farfuglia cercando di restituirgliela.

«Non mi sono sbagliato, Faydé.»

Si dirige verso l'appartamento della prima moglie, senza più voltarsi. Faydé lo guarda allontanarsi, chiacchierando con la cugina. Indossa un lungo *gandoura* azzurro ricamato e un fez in tinta. Vestito così, sembra più grande ma più distante. Faydé appare trasformata oggi, con il suo bel *pagne* nuovo e il trucco, ma anche Boukar non somiglia affatto all'insegnante rilassato che lei è abituata a vedere.

Senza più indugiare, Faydé rientra alla concessione per finire le commissioni di Diddi e riuscire infine a raggiungere le sue amiche, ormai spazientite. La gioia che provava prima è sparita, anche se c'è festa in città. È bella, ben vestita, ha qualche soldo, allora perché questa tristezza le attanaglia il cuore? Perché questa improvvisa voglia di piangere?

Boukar non l'ha riconosciuta, e la cosa l'ha fatta sentire al tempo stesso lusingata e ferita. L'ha scambiata per un'altra. E che dolcezza, che tenerezza nella sua voce quando l'ha chiamata Hapssi!

4

Oggi è il giorno dei tanto attesi risultati degli esami. Leïla era così ansiosa da angosciare tutta la famiglia. Ha passato il tempo a piangere perché non voleva tornare al liceo una volta sposata, nel caso non riuscisse a superare gli esami. Ha persino minacciato di rimandare il matrimonio, se non fosse riuscita a prendersi il diploma.

Per fortuna ce l'ha fatta. Il matrimonio è previsto tra due mesi e i preparativi possono iniziare. Anche la prevedibile bocciatura di Hamza non ha offuscato il sollievo garantito dal successo di Leïla. Lo stesso interessato non sembra affatto turbato, ha finalmente la scusa buona per interrompere gli studi. Solo Diddi si lascia sfuggire un sospiro di esasperazione.

Anche Faydé ha superato gli esami, ma non ne parla. Nessuno sa che ha ottenuto il diploma delle superiori, tranne Boukar.

La sera dei risultati l'ha aspettata davanti alla zona della concessione riservata alla servitù, seduto sulla panchina. Talmente discreto che lei non l'aveva neppure visto. Ma proprio mentre lei stava entrando, ansiosa di dare la buona notizia a Srafata, lui l'ha chiamata: «Faydé!».

«Professore! Non l'avevo vista.»

Aveva usato deliberatamente il suo titolo, invece del nomignolo «prof» con cui lei e tutti i ragazzi della concessione si rivolgevano di solito a lui.

Dal giorno della festa, quando l'ha chiamata Hapssi, si è allontanato da lei e le rivolge a malapena la parola. Questa inedita distanza ha ferito molto Faydé, provocandole diverse notti insonni e tormentate. Che cosa ha fatto di male per indurlo a non parlarle più, così, da un giorno all'altro? E perché ha smesso di sorriderle, come aveva sempre fatto? Da allora, va già bene quando il suo sguardo non si incupisce, vedendola seguire in un angolino le lezioni che impartisce a Hamza. Tra loro si è creato ormai un impercettibile, inspiegabile imbarazzo. Cosa è successo al giovane scherzoso e rilassato che voleva sapere di lei, del suo villaggio e del suo futuro? Faydé non ha mai osato chiedergli spiegazioni, ma queste domande senza risposta le hanno rovinato anche i momenti di riposo.

Qualche settimana prima dell'esame, mentre tornava a casa dalla lezione, l'aveva trovato seduto sulla sua moto nel cortile della scuola: sembrava che la stesse aspettando. Le aveva consegnato alcuni opuscoli e le aveva consigliato di prepararsi per l'esame. Poi se n'era andato senza dire una parola, senza nemmeno ascoltare i suoi ringraziamenti. Faydé è quindi rimasta sorpresa di trovarlo seduto lì.

«Voglio solo dirti che sono orgoglioso di te. E spero che continuerai l'anno prossimo» si limita a dire, prima di alzarsi e allontanarsi senza indugio.

L'atmosfera nell'area della concessione riservata alla servitù, prima così vivace, da qualche tempo è diventata cupa. Niente più chiacchiere serali, niente più risate e feste sotto l'albero di mango. Niente più voglia di allegria, nei loro cuori.

Il motivo è che Boko Haram sta guadagnando terreno e attacca sempre più villaggi, seminando terrore e desolazione. Le scuole sono chiuse nelle località minacciate e gli assalti si fanno sempre più frequenti. A Maroua è stato imposto il coprifuoco, e si vedono ovunque pattuglie di soldati e poliziotti. I controlli dei documenti sono ormai sistematici, ed è impossibile entrare in città e girare liberamente senza possederli. Non si può più, a differenza che in passato, ottenere un documento d'identità se non si possiede un certificato di nascita. E per avere un certificato di nascita bisogna andare in tribunale e ottenere, sborsando una somma non trascurabile, un apposito decreto.

Diversi giovani sono già stati arrestati e languono in prigione. E qui si sa quando si entra in prigione, ma non si sa mai quando si esce, qualunque sia il crimine che uno ha commesso. La situazione è grave, cose mai successe, mai viste né sentite prima.

Un sabato sera di quelli oppressi dal caldo. La stagione delle piogge stava timidamente prendendo avvio, l'aria era greve. Non un alito di vento agitava le foglie del mango. Alcuni giovani stavano chiacchierando sotto l'albero, commentando una partita di calcio di un campionato straniero, mentre le ragazze chiacchieravano tra di loro.

D'improvviso si è sentito un forte botto. Il fragore assordante ha fatto trasalire tutti e le ragazze si sono guardate una con l'altra, gli occhi pieni di terrore. Era lo stesso tipo di esplosione di tre giorni prima, la stessa deflagrazione, ma questa volta sembrava più forte. Alphonse si era alzato in fretta e furia, gridando: «Un altro attacco kamikaze!».

«Forse è la gomma di un camion che è scoppiata. Non...» aveva detto Biri per cercare di rassicurarli. Da qualche tempo aveva preso l'abitudine di venire a chiacchierare con i fratelli, anche se in realtà non viveva lì. Prima che Biri avesse il tempo di finire la frase, era risuonata una seconda esplosione.

«Non c'è dubbio, è un attentato! Vado a vedere cosa succede.»

In tutta la città si sentivano grida ed esclamazioni. Srafata e le sue amiche erano uscite, preoccupate, sperando di veder tornare Biri ma anche Bintou, che era fuori per la serata.

Nessuno immaginava in quel momento quanto fosse grave la situazione.

Il giorno dopo, si è saputo che ancora una volta c'era stato un attentato suicida, perpetrato da Boko Haram. Due ragazzine, una di appena tredici anni, si erano fatte esplodere, uccidendo decine di innocenti. Tra le vittime anche un giovane del villaggio, il cui unico crimine era stato di andare a bere un po' di *bili-bili* – la birra tradizionale a base di miglio fermentato – nel quartiere del Pont-Vert. Erano circolate immagini orribili e tutti avevano visto i corpi mutilati, dilaniati o carbonizzati. Impossibile identificare tutte le vittime.

Bintou era tornata solo due giorni dopo, quando le sue amiche avevano già versato torrenti di lacrime, non sperando più di rivederla viva.

L'atmosfera gioiosa della concessione è finita quel giorno.

Ormai tutti devono esibire un documento d'identità, ma il problema è che la maggior parte delle persone non ne è in possesso. Non c'è più modo di tornare al villaggio, o di mettere il naso fuori casa dopo il tramonto. La città è cambiata, è diventata un'enorme trappola che si è richiusa su tutti coloro che si sono fatti trovare impreparati, perché avevano l'abitudine di viaggiare senza documenti.

Nella stanza delle ragazze, le interminabili chiacchiere di un tempo hanno lasciato il posto a un silenzio pesante: ognuna è persa nei suoi pensieri. Srafata è dominata da un costante malumore e non esita a rimbrottare le amiche alla minima contrarietà. Bintou non è in gran forma e Danna è così depressa che si è fatta licenziare per un'inezia, e ora è disoccupata. Quanto a Faydé, è sprofondata nella malinconia.

Le notizie non sono buone. E diventano sempre più inquietanti con il passare dei mesi. Hanno fatto la loro comparsa parole nuove, di cui tutti prima ignoravano il significato, come «Boko Haram». Ci sono anche parole francesi che non possono essere tradotte in alcuna altra lingua, parole come «setta», «attentato», «coprifuoco» o «kamikaze». Il terrore si è impossessato dei cuori. Via via che giungono notizie dai villaggi circostanti Faydé e le sue amiche vengono sopraffatte dalla preoccupazione. Non parlano d'altro.

«Ieri hanno attaccato Moskota. Ho sentito che sono arrivati all'imbrunire. Hanno sgozzato alcuni uomini e incendiato diverse capanne.»

«Dicono che a Fotokol sono entrati in una scuola in pieno giorno, e hanno rapito o ucciso dei bambini. Anche lì ci sono stati degli attentati.»

«Ora gli abitanti delle montagne dei dintorni si sono rifugiati tutti in un nuovo campo profughi, a Minawao.»

Faydé inorridisce davanti a tutte queste notizie,

ma non può fare a meno di ascoltare. Le si stringe il cuore quando pensa a sua madre, tutta sola con i bambini. Immagina la sua paura, ogni notte, e vorrebbe tanto essere con lei. Srafata condivide la sua angoscia e cerca di rassicurarla come meglio può. Ripete anche alle altre: «Non preoccupatevi, non arriveranno fin da noi, sono ancora molto lontani. Andranno semmai verso Mora e Kolofata. Ho sentito Alhadji parlare con i suoi amici, questa mattina, e pare che l'esercito si stia muovendo. Ha anche detto che il coprifuoco non durerà a lungo».

Ma una mattina, mentre si stanno preparando a uscire per andare al lavoro, arriva la notizia che tutte temono. Ibrahima entra nella concessione, gridando: «Dov'è Alphonse? E Benoît? Pare che il nostro villaggio sia stato attaccato durante la notte. La situazione è grave, ci sono diversi morti, è stato assassinato anche il prete».

Danna si mette a urlare, ma lui la interrompe brusco: «Zitta, non voglio sentir gridare. Non fate chiasso, qui non è successo niente. Soprattutto evitate di attirare la sfortuna su questa casa. Non facciamoci sentire. Molte di voi non hanno la carta d'identità, e ci sono controlli e retate ovunque. Sapete molto bene che il posto di polizia non è lontano. Al minimo pretesto, ci piombano addosso. Non preoccupatevi, vi dirò di più questa sera. Vi porterò io delle notizie. Su, ragazze, andate a lavorare, almeno qui siete al sicuro».

Con lo stomaco in subbuglio, Faydé non riesce a nascondere la preoccupazione. Le vengono le lacrime agli occhi, nonostante gli sforzi per trattenerle. Cerca di lavare i piatti, ma due gli sfuggono dalle mani e si frantumano a terra.

Cos'è successo a sua madre? Sola con i bambini, come ha potuto difendersi? Ibrahima ha detto che ci sono stati dei morti. Anche il prete è stato ucciso, il loro Baaba! Quell'uomo così affabile era diventato talmente parte della loro comunità da morire per essa. Faydé avrebbe dato qualsiasi cosa pur di condividere il destino della sua famiglia, qualunque fosse. Che valore avrebbe la vita, se sua madre non ci fosse più? E vorrebbe tanto rivedere il sorriso della sua sorellina. La giornata si rivela interminabile.

Fingendo di avere mal di testa, chiede a Diddi il permesso di rientrare a casa. Non la sorprende trovare Srafata, Bintou e Alphonse seduti per terra, in un silenzio rassegnato.

Quando, alla fine della giornata, Ibrahima entra nella concessione, si alzano con il cuore in tumulto per l'emozione, quasi fossero in attesa di una sentenza.

5

Come ogni sera, da un po' di tempo a questa parte, Kondem fa cenare presto i bambini e, appena il sole tramonta, si chiude nella capanna insieme a loro. Le notizie provenienti dai villaggi dei dintorni le riempiono il cuore di angoscia. Cosa farà, se i terroristi entreranno di nuovo nel villaggio? Chi proteggerà lei e i suoi bambini ancora piccoli? Per fortuna Faydé è lontana. In città è molto più al sicuro di lì, e Kondem è ben contenta di averla lasciata andare via. Le ragazze sono il bersaglio preferito di quegli uomini: possono imbottirle di esplosivo per trasformarle in bombe umane, o usarle per il loro piacere sessuale e farne quello che vogliono.

Kondem fa un profondo sospiro e si gira nel letto. La sua bambina, rannicchiata e come al solito aggrappata a lei, si rigira dopo un accesso di tosse. Dopo aver fatto un po' di baraonda i ragazzi si sono addormentati, con la spensieratezza dell'infanzia. Il loro respiro regolare tradisce il sonno profondo in cui sono immersi.

Kondem si gira ancora una volta, scostando delicatamente la bambina addormentata. Ha ancora una leggera febbre, ma sembra che stia meglio.

Stasera, però, Kondem ha un brutto presentimento e tende l'orecchio. Come può dormire, quando un'angoscia più acuta che nei giorni precedenti le attanaglia il petto? Sente dei suoni familiari che riescono a tranquillizzarla un po'. Musica da una radio. Sarà quella del vecchio Moussa, che la tiene sempre accesa. Un cane abbaia mentre insegue un gatto che si arrampica sull'albero di tamarindo lì davanti, miagolando rabbioso. Ma perché sono così spaventata?, si chiede lei.

D'improvviso, un colpo secco alla porta la fa trasalire. Si mette a sedere di scatto. No, non ha sognato, qualcuno ha bussato. C'è qualcuno, lì fuori. Non si muove, il cuore le batte all'impazzata. Un secondo colpetto, che ha sentito a malapena. Una voce le sussurra: «Kondem!».

«Chi è?» risponde lei a mezza voce, al culmine dell'ansia.

«Kondem, apri la porta, sbrigati! Sono io.»

«Tu? Chi sei?»

«Doubla!»

Esita un istante, poi riaccende lo stoppino della lampada a olio. Una luce soffusa illumina l'interno e scaccia l'oscurità. Non riesce a crederci, lui è tornato! Perché sussurra? Sono passati quasi quattro anni da quando è scomparso. Perché si rifà vivo solo adesso, e in piena notte?

«Kondem, apri la porta, sono io, Doubla!»

Senza più esitare, toglie il chiavistello. L'uomo si precipita nella capanna. Sembra senza fiato, come se avesse corso a lungo. Si china subito sui ragazzi addormentati e si mette a scuoterli per svegliarli.

«Presto, Kondem, mettiti la piccola in spalla, dobbiamo andare via subito.»

«Cosa? Ma sei pazzo? Dove vuoi andare in piena notte? Lascia dormire i bambini. Da dove sbuchi, si può sapere?»

Sta per alzare la voce, ma di colpo sente una serie di urla in lontananza.

«Boko Haram sta per attaccare il villaggio. Sono venuto il più in fretta possibile. Venite, non c'è tempo da perdere, dobbiamo nasconderci in montagna. Andiamo, ragazzi, non fate rumore. Non abbiate paura, sono io, Baaba.»

«Oh, mio Dio! Ossignore, cosa dobbiamo fare?»

Kondem trema tutta, lacrime calde le inondano il viso. È così spaventata e sotto choc che non riesce a reagire, lì in piedi al centro della capanna, mentre i suoi figli si strofinano gli occhi e si alzano più in fretta che possono.

Fuori, le urla si fanno sempre più forti e più vicine.

«Kondem, guardami! Mettiti la piccola in spalla e legala bene. Non ti preoccupare, basta che ti muovi. Non farti prendere dal panico, so dove possiamo nasconderci. Ragazzi, prendete le scarpe.»

Girano intorno alla capanna, tagliano per i campi e si muovono verso la montagna. Tutto il villaggio è in piedi, gli abitanti si chiamano l'un l'altro e corrono in ogni direzione. Kondem vede le prime capanne che già prendono fuoco.

«Devo avvertire Sadjo!»

«Se ti prendono, ti uccidono senza pensarci un attimo. Sono venuti per questo, stasera, per uccidere! Anche Sadjo si nasconderà, nei campi o su in montagna. Non sono ancora arrivati da lei. Su sbrigati, Kondem, andiamo!»

Kondem ricorderà questa fuga verso le montagne per il resto della sua vita. Alle loro spalle si levano le fiamme, riecheggiano urla di terrore e gemiti di sofferenza. Doubla tiene i ragazzini per mano, costringendoli a camminare il più in fretta possibile. Nell'oscurità di questa notte senza luna la montagna sembra abitata dai fantasmi. Molte sono le leggende legate a questo massiccio, che di notte diventa covo di demoni e animali feroci, iene mangiatrici di uomini e serpenti velenosi, e spiriti mostruosi. Ma in questa notte di terrore sono gli uomini le creature più pericolose. Doubla cerca di rincuorare i ragazzi, corre e se li tira dietro. Kondem lo segue come può, gli occhi pieni di lacrime. E segue il marito e i figli, procedendo alla cieca sul sentiero ripido.

Ha sognato così tanto di vederlo tornare, ha pregato con devozione perché succedesse. Il suo uomo, il suo Doubla! Non lo vede bene di profilo, ma la sua figura sembra più smagrita di quanto ricordasse. Man mano che si inerpicano sulla montagna, i rumori a poco a poco si affievoliscono, anche se le grida si fanno più stridule, le suppliche più forti. Kondem sente ancora lamenti, gemiti di agonia, mentre dal villaggio sotto di loro le fiamme salgono in lingue sempre più alte.

«Andiamo direttamente da Adaw, nel suo antro sarete al sicuro. Le capanne abbandonate sulla montagna sono diventate rifugio per gli animali selvatici, e poi sono troppo vicine. Bisogna andare il più in su possibile. Non gli verrà neanche in mente di arrampicarsi fin qui sopra. È gente che semina il terrore, ma non sono così coraggiosi» borbotta Doubla.

Mille domande tormentano Kondem, ormai senza fiato, con la figlia a cavalcioni sulla schiena. Le sembra di vivere un incubo e vorrebbe mescolare le sue urla a quelle che salgono dal villaggio. Cosa sta succedendo là sotto? I cespugli spinosi lungo il sentiero le graffiano le braccia, ma lei non si ferma e segue l'uomo che una volta amava, senza sapere se può ancora fidarsi di lui.

D'improvviso, ecco una radura. Kondem capisce che sono arrivati da Adaw. Doubla si lascia cadere sul terreno roccioso, ansimante. I ragazzini, esausti, si accasciano vicino a lui. Li accarezza istintivamente sulla testa, in un gesto di tenerezza inaspettato.

Il vecchio Adaw è in piedi, fissa in silenzio le fiamme in lontananza e scuote la testa, affranto. Alza a malapena lo sguardo verso i nuovi arrivati. Niente sembra sorprenderlo. Quando la bambina ricomincia a tossire, esce dal suo torpore e mormora: «Entrate, e mettete al caldo i bambini. Qui sulla montagna fa freddo, in questa stagione».

Precede il gruppetto di ospiti inattesi nella grotta, dove un fuoco arde nell'angolo adibito a focolare.

«E così sei tornato, Doubla, come mai proprio stasera? Quante disgrazie in questo villaggio, grandi dèi! Quante disgrazie!»

Kondem sussulta, nel sentire le ultime parole del vecchio. Non era forse quello che aveva già detto a mo' di conclusione quando era venuta a consultarlo insieme a Faydé?

Quante disgrazie in questo villaggio, aveva detto allora, osservando la disposizione del gallo che aveva appena sacrificato. Così era questa notte di follia, la disgrazia che aveva scorto nel futuro.

Ed è possibile che Doubla, seduto accanto a lei con le spalle curve, possa essere in parte responsabile delle grida che riecheggiano in lontananza? Kondem china la testa, libera la sua piccola dai legacci e se la stringe forte al petto. Si sente sollevata per il fatto di essere qui, non teme più per se stessa e per i suoi figli. Ma cosa sta succedendo al villaggio? Cos'è successo alle persone a cui vuol bene? Cos'è successo ai parenti, agli amici?

«Quante disgrazie, in questo villaggio! Che cosa hanno mai fatto i tuoi figli, o dio di questa montagna, perché tu li punisca ancora? E tu, Doubla, dove sei stato tutto questo tempo?»

Adaw ha appena posto la domanda che bruciava sulle labbra di Kondem. Lei si tira su e scruta l'uomo seduto accanto a lei. Il bagliore delle fiamme gli illumina la faccia, che lei studia attentamente. La sua prima impressione non l'aveva tratta in inganno. È molto dimagrito, ci nuota dentro a quel *boubou* azzurro sbiadito. Una lunga cicatrice, che prima non aveva, gli corre dal cuoio capelluto al collo, tracciando un solco sul lato destro. Altre cicatrici gli segnano le mani, che tremano leggermente quando Adaw gli pone la domanda tanto temuta.

«Adaw, mi conosci fin da quando ero bambino, sei mio zio da parte di madre. Ti assicuro che non sono loro complice, non lo sono mai stato.»

«Ma perché tutto questo tempo? Ero così preoccupata per te» dice Kondem con un filo di voce.

«Dopo che Boko Haram ha attaccato il villaggio, la notte in cui sono stato preso prigioniero, non mi hanno tenuto con gli altri. Ero forte, potevo aiutare in certi lavori – non sempre belli. Per farmi obbedire mi hanno drogato, mi hanno picchiato, mi hanno fatto patire la fame, finché non ho ceduto e mi sono convertito all'Islam, fingendo di essermi sottomesso. Ho cercato di fuggire, ma non ci sono riuscito, e intanto dovevo ubbidire ai loro ordini. Siamo rimasti sempre nella savana profonda, a cavallo delle frontiere tra Nigeria, Ciad e Camerun. Alla fine, sono riuscito a scappare quando hanno deciso di attaccare il nostro villaggio. Avevo solo una cosa in testa, proteggere la mia famiglia. Volevo arrivare prima di loro per avvertirvi tutti e farvi scappare qui in montagna, ma non ci sono riuscito. Ero a piedi, e loro sono arrivati prima del previsto. Forse si sono accorti che ero scappato... Mi dispiace tanto per questo. Mi dispiace tanto per tutto il villaggio, mi dispiace tanto...»

Singhiozza, con la testa tra le mani. Piange. È un uomo giunto al limite di quello che può sopportare. Per mesi ha sopportato tutti i tormenti dei suoi carcerieri senza lamentarsi. Gli hanno fatto passare la voglia di scappare. Quando uno dei suoi compagni di sventura ha cercato di fuggire gli hanno tagliato la gola, con la promessa che avrebbero fatto lo stesso anche alla sua famiglia.

«Lo hanno deciso nel pomeriggio di attaccare. Senza alcun motivo particolare. Non sono venuti da noi per saccheggiare, solo per spargere il terrore e uccidere. Così ho tentato il tutto per tutto. Sarei morto, se fossero riusciti a portare via i nostri figli. Grazie a Dio sono tutti qui.» Si blocca di colpo, come folgorato. «Oh, mio Dio, ma Faydé? Dov'è Faydé?» La voce di Doubla è gonfia di un'immensa angoscia. «Dov'è Faydé, Kondem? Non possiamo esserci dimenticati di lei!» Balza in piedi sgomento, pronto a tornare indietro a cercare la figlia maggiore.

Kondem gli mette una mano sul braccio, un gesto per rassicurarlo. Un sorriso di sollievo le illumina il viso, nel primo momento di serenità di questa notte folle: «Faydé vive a Maroua».

6

Il villaggio ai piedi della montagna è stato quasi cancellato dalla cartina geografica.

Alla fine di una notte di terrore i sopravvissuti sono usciti dai loro nascondigli tra i campi o su in montagna, per constatare i danni. Delle capanne e dei granai restano solo rovine fumanti, annerite dalle fiamme.

L'esercito è arrivato al mattino presto. Bisognava portare i feriti all'ospedale più vicino, seppellire i morti e occuparsi dei sopravvissuti che avevano perso tutto.

Morti, tanti morti, di cui importava poco preservare la memoria. Non hanno avuto diritto alle lunghe cerimonie funebri, che durano a volte anche una settimana, che dovrebbero permettere loro di raggiungere senza intoppi l'altra riva dove li aspettano gli avi. Non hanno ricevuto gli onori della tribù e non sono stati accompagnati alla loro ultima dimora dal rullare dei tamburi. Non sono stati rivestiti con la pelle di un toro sacrificato per loro, come vuole la tradizione. Le loro spoglie non hanno ricevuto l'addio dell'intera tribù. Animisti, cristiani e musulmani che fossero, per la loro sepoltura è stata predisposta unicamente una fossa comune, scavata in modo grossolano, nella quale i loro corpi giacciono aggrovigliati, accompagnati da una preghiera mormorata a fior di labbra in loro memoria.

Ci sono anche degli scomparsi – dei quali si preferirebbe forse saperli morti, per angosciarsi di meno. Di loro non si sa nulla. Sono scomparsi, ma dove? Si nascondono ancora nei campi, o tra le montagne? Si sono persi nella savana tutto intorno, in preda al terrore? Oppure – e non si ha neanche il coraggio di immaginarlo, anche se è la cosa più probabile – sono stati rapiti? Il solo pensiero di ciò che può essergli capitato fa rabbrividire le donne, troppo stanche anche per piangere.

I sopravvissuti sono un grumo di facce stralunate, perse in un mondo diventato irriconoscibile. Hanno due sole alternative: farsi portare nel campo profughi sorto nelle vicinanze, dove possono sperare di trovare aiuto, o decidere di arrangiarsi e cavarsela da soli.

Ma bisogna fare in fretta! Dove andare? Al campo profughi o nel villaggio vicino? Tutti fanno il conto dei parenti da cui potrebbero farsi ospitare. Ma quando il mondo intorno a te è crollato, non ti ricordi più nulla. Davanti al cadavere di un figlio, non ricordi più che ce ne sono altri che hanno bisogno della tua protezione. E come si fa a lasciare il luogo dove si è nati e cresciuti, dove sono sepolti i tuoi morti, sapendo che non ci tornerai mai più?

Di lì a qualche giorno Faydé e Srafata hanno visto arrivare alla concessione le loro due madri, accompagnate dai fratellini e sorelline piccoli e precedute da Ibrahima. Le hanno abbracciate, versando lacrime di sollievo, mentre i volti delle due donne rimanevano impassibili. Erano svuotate, curve sotto il fardello della dura prova, prematuramente invecchiate. Certo, non avevano mai posseduto granché nella loro vita, ma un senso così forte di indigenza e sradicamento non lo avevano mai sperimentato.

Non piangono quello che hanno perso, sono sotto choc per quello che hanno vissuto.

«Il villaggio... Quale villaggio?» mormora triste Kondem. «Al villaggio è rimasto solo Adaw. Si è rifiutato di scendere dalla montagna, ha deciso di rimanere là da solo.»

«La cosa più importante, Dada, è che voi stiate bene.»

«Laabé è scomparsa, devono averla presa quelli là. L'hanno rapita, è sparita senza lasciare traccia!» ripete Sadjo come una litania.

Dopo la morte di sua sorella, la madre di Srafata ha cresciuto la nipote come una figlia, e ora è disperata. Laabé stava dormendo nella capanna con lei quando sono risuonate le prime grida di allarme. Sono corse entrambe a nascondersi nella boscaglia. Alle prime luci dell'alba Sadjo ha cominciato a cercarla, ma non è riuscita a trovarla. Di fronte all'urgenza di andare via, per cercare rifugio in città, Sadjo si è dovuta rassegnare a seguire l'amica Kondem.

Doubla invece è rimasto con Adaw. Conta di raggiungerli in seguito a Maroua, quando le acque si saranno calmate. Non può farsi vedere al villaggio, dopo una simile tragedia. I suoi fratelli potrebbero anche ritenerlo responsabile. E cosa farebbero di lui i soldati, se sapessero che ha vissuto a lungo con gli aggressori?

Il villaggio non esiste più. Se ne sono andati tutti. Ma la montagna non si è mossa. La terra sta ancora lì. Gli animali addomesticati possono essersi dispersi, ma gli animali selvatici rimangono fedeli al luogo dove vivono. E la natura riprende i suoi diritti, trionfante, dopo che se ne sono andati quelli che disperatamente si sforzavano di asservirla.

Ibrahima borbotta sottovoce, in quel tono roco che gli viene quando cerca di darsi un po' di contegno.

«La cosa più importante è avere salva la vita. Un giorno lo ricostruiremo, il villaggio, e ci ritorneremo tutti.»

Anche così, non riesce a nascondere l'emozione che, suo malgrado, lo invade alla vista di queste donne che conosce da così tanto tempo, e che erano arrivate in città nello stesso periodo in cui c'era arrivato lui, in un'epoca in cui la vita era semplice, leggera, le relazioni poco impegnative, e si risparmiava ogni centesimo per celebrare la festa del villaggio.

«Potete restare in questa casa per qualche giorno, ma non fate rumore, e soprattutto tenete d'occhio i bambini. C'è un posto di polizia proprio qui vicino e non voglio rogne, tanto più che la maggior parte dei nostri fratelli non ha la carta d'identità. Ma non preoccupatevi, vi troverò presto un altro luogo sicuro» aggiunge, in tono meno burbero.

Guardando Sadjo non può fare a meno di ricordare la storia d'amore che li ha legati vent'anni prima. Al tempo era una bella ragazza, allegra e maliziosa – niente a che vedere con la donna di oggi, che sembra portare su di sé tutta l'infelicità del mondo.

«Sadjo, so che è difficile, ma presto troverai un lavoro. E il villaggio prima o poi verrà ricostruito e la gente ci tornerà...»

Silenziose, le due donne non alzano nemmeno gli occhi su di lui. Ibrahima si schiarisce la gola ancora una volta, e si allontana con passo pesante. Nella lotta quotidiana per la sopravvivenza non c'è posto per la disperazione. Le lacrime sono un lusso. Bisogna accontentarsi del poco che resta: respirare e sopravvivere, a tutti i costi. Il senso del dovere prevale sulla voglia di stendersi a terra e lasciarsi andare.

Sei giorni dopo Kondem esce infine dal torpore in cui era avvolta e decide di andare al mercato, alla ricerca di vestiti di seconda mano per i bambini. Srafata l'accompagna, ed è lei a suggerirle di passare a ringraziare la famiglia che dà lavoro a Faydé. In effetti Diddi, sensibile alle difficoltà che stanno vivendo, ha subito mandato loro dei vestiti.

Faydé va loro incontro, sorridendo.

«Diddi, questa è mia madre! È venuta a salutarti.»

Da quando è entrata nella concessione, Kondem ha sentito un'impressione di familiarità. Il cuore si è messo a batterle più in fretta e si sente stringere la gola. La sensazione di déjà-vu si fa più intensa... e poi la riconosce quella concessione, anche se all'epoca non c'erano tutte quelle ville all'interno. Diddi è seduta sotto lo stesso porticato di diciotto anni fa. La giovane donna snella di un tempo è diventata grassa tre volte tanto, ma ha ancora la stessa allegria negli occhi.

Kondem si aggiusta il foulard e si nasconde il volto con il *pagne*. Tiene gli occhi bassi. La prima moglie non l'ha riconosciuta. Quante domestiche avrà visto passare Diddi, da allora? Non se la ricorda nessuno quella vecchia storia – a parte Kondem, che comunque fa in modo di abbreviare la visita.

Da quel giorno non esce più dalla sua angusta stanzetta, e non si separa mai dai figli. Quando Ibrahima torna, tre giorni dopo, gli chiede di trovarle un alloggio lontano da lì, anzi lontanissimo, a Lopèré, il quartiere ai piedi della montagna di Maroua. Non vuole tornare a fare la domestica, preferisce andare a spaccare le pietre e venderle.

«È un lavoro pesante, Kondem» cerca di farla ragionare Ibrahima. «Nessuno dei nostri fa questo per vivere.»

«Voglio lo stesso tentare la fortuna. Per i miei figli.»

«Vi ho trovato una stanza proprio qui. E troverai anche un lavoro!»

«No, Ibrahima, io non ci voglio vivere qui. Non voglio lavorare come domestica, non ho più l'età.»

«Dada, ti prego» interviene Faydé. «Perché vuoi andare a ogni costo a stare là? È così faticoso spaccare pietre!»

«Ci sono tante donne che lo fanno. Ci riuscirò anch'io, vedrai» conclude Kondem, ostinata.

«Ma perché, Dada? Cosa ti succede? Viviamo tutti insieme, e troverai un lavoro nel quartiere. È più facile lavorare in una concessione, che spaccare pietre tutto il giorno.»

«Ci sono cose che non sai, Faydé, ed è meglio che continui a non saperle, credimi. Non sto cambiando città, solo quartiere, in attesa di giorni migliori.»

7

Alla concessione, Faydé sa bene di non piacere molto alla nonna, anche se fa sempre del suo meglio per non farla arrabbiare. Non appena ha un momento libero le spazza il cortile, le lava i piatti e la avverte sempre quando va al mercato, nel caso l'anziana signora abbia bisogno di qualcosa. Ma non c'è niente da fare. La cosa peggiore è che l'anziana signora non ha nulla da rimproverarle, non è questo il punto: è proprio che quella domestica non le piace. E così non esita a sgridarla, a darle ordini in modo sgarbato, guardandola con disprezzo o storcendo il naso quando Faydé le passa vicino.

Un giorno che ha trovato Faydé seduta sul tappeto del padrone, le si è buttata addosso gridando: «Hai dimenticato chi sei, sporca parassita? Presuntuosa che non sei altro! Questa piccola *kaado* non ha rispetto, si è montata la testa. Roba da matti!».

Un'altra volta, Faydé si era preparata con cura uno spuntino, un'insalata di manghi verdi acidula e piccante, e Leïla si era subito autoinvitata. Stavano entrambe ridendo della piccantezza del peperoncino, soffiando e tirando fuori la lingua, quando due mani erano spuntate dal nulla, come per magia, e avevano scaraventato a terra l'insalata. Prima di riuscire a capire cosa fosse successo, la nonna, il viso deformato dalla rabbia, aveva tirato un ceffone a Leïla, apostrofandola con severità: «Sei diventata matta? Ti hanno fatto una stregoneria? Come ti viene in mente di mangiare dallo stesso piatto di una *kaado*? Lei è solo una serva, una contadina, un'infedele!».

Leïla era corsa via senza ribattere, mentre Faydé aveva dovuto ripulire tutto sotto gli insulti della vecchia. Sbalordita, ferita, Faydé non aveva detto nulla, ma era rimasta sorpresa dall'astio con cui la megera aveva buttato a terra l'insalata e dalla brutalità che aveva dimostrato picchiando la nipote, che di solito coccolava così tanto.

Da quel giorno, Faydé ha preso coscienza fino in fondo della sua condizione di domestica e di che cosa comporta. Ha notato che le danno sempre da mangiare in un piatto a parte, come a Biri e ai gatti. Anche quando tutta la famiglia pranza o cena insieme, lei deve starsene in disparte. Conosce le regole: non le è permesso mangiare con loro, non le è permesso usare il loro bagno. Può stare in salotto a guardare la televisione, ma si può sedere solo nell'angolo vicino alla porta, sul pavimento di piastrelle, mentre i membri della famiglia si rilassano sui divani o si sdraiano sui morbidi tappeti. Ognuno deve stare al proprio posto. E si è resa conto che i posti non cambiano mai, nemmeno per il tempo di gustare un piatto di mango piccante...

La nonna non la sopporta, ma non sopporta nemmeno Biri. Quando gli passa davanti lo guarda dall'alto in basso, e risponde a malapena ai suoi saluti. Del resto, quando l'anziana signora varca la soglia della concessione, tutti smettono di parlare... La vecchia considera le tre mogli di suo figlio delle sfaticate, e trova inaccettabile che possano delegare il lavoro ai fornelli a Faydé. Una *kaado* che cucina i pasti di suo figlio, quando lui mantiene tre mogli? E le serve poi, sono così sudice!

Tuttavia, anche se qualcuno della famiglia tratta male i domestici, disprezzandoli e insultandoli, dipendono tutti comunque da loro: nella loro pigrizia, i padroni non sanno più svolgere le incombenze ingrate e faticose che hanno affidato ai servi. È questo, in qualche modo, il rovescio della medaglia.

Se, per esempio, Faydé si assenta per un giorno o due, i piatti da lavare toccano alle mogli – proprio quelle che non vorrebbero sporcarsi le mani, soprattutto perché il detergente rende opachi i tatuaggi all'henné! Le mogli non sono più capaci di chinarsi a pulire il loro appartamento, o peggio ancora per spazzare il cortile. Dopo tre giorni di corvée sono pronte a qualunque compromesso, purché la domestica ritorni al suo posto. Hanno un bel brontolare per un'ora di ritardo, in cuor loro sono preoccupate all'idea che possa non tornare proprio, anche se naturalmente non lo ammetteranno mai in pubblico.

Forse non ci si può fidare della servitù, ma è proprio quando manca che ci si rende conto di quanto sia importante. Biri non c'è per una settimana? La spazzatura si accumula, i fiori appassiscono, le piastrelle prendono polvere e si appanna il loro splendore. E l'umore del capofamiglia ne risente. Così, quando ritorna, Biri per un po' viene trattato meglio: gli riempiono il piatto, i segni di disprezzo si attenuano e può capitare che Alhadji gli allunghi generosamente due o tremila franchi extra. Così, un regalino per motivarlo. I più forti diventano allora i più deboli e viceversa. Le parti si invertono, ma non dura a lungo. Perché un servo rimane un servo, anche se fa un buon lavoro e viene apprezzato. Può essere una presenza costante per anni, ma non farà mai parte della famiglia.

Da qualche tempo Haman, il fratello minore di Alhadji, che lavora con lui e vive in un piccolo appartamento nella parte sinistra della concessione, si interessa a Faydé. Le lancia lunghe occhiate e sbircia le sue forme quando la ragazza si china a spazzare davanti a casa sua. A volte cerca di scherzare con lei, ma Faydé lo detesta e rimane indifferente alle sue avances. Haman è sprezzante e si rivolge a Biri usando termini offensivi come «*boy*» o «*kaado*», invece di chiamarlo per nome. Impartisce ordini con voce dura e non ringrazia mai, dando per scontati i servizi che gli vengono resi. Dopotutto, un servo è un servo, è lì solo per soddisfare i padroni – tutti i padroni! E siccome Haman è il fratello del padrone, anche lui è un padrone. E dato che è il più giovane la madre lo ha viziato, concedendogli sempre tutto e aiutandolo a nascondere le sue malefatte. Lei stessa ha dovuto più di una volta intervenire in suo aiuto, non esitando a usare il ricatto affettivo, quando per un motivo o per l'altro Haman riusciva a mandare su tutte le furie il fratello maggiore.

Abituato alle feste piene di gente, a frequentare le discoteche e a dedicarsi ad altri piaceri innominabili, Haman si annoia da quando è stato introdotto il coprifuoco. Ha cominciato quindi a ronzare intorno a Faydé e le lancia di continuo occhiate insistenti, cosa che a lei non piace affatto. Una volta, mentre stava spazzando il cortile, lui l'ha afferrata per la vita, scoppiando a ridere. In un'altra occasione le ha sfiorato i seni.

Ora che le intenzioni di Haman stanno diventando esplicite, Faydé è nervosa e tiene d'occhio ogni sua più piccola mossa. Quando lei lava i piatti, lui è sempre nelle vicinanze. Quando la incrocia, la fissa e le fa l'occhiolino. Lei distoglie lo sguardo e fa finta di niente, ma la situazione la preoccupa sempre di più. Ha l'impressione che lui la segua costantemente, che sia sempre intento a spiarla. È arrivata al punto di evitare di farsi la doccia nella grande casa, preferisce aspettare di tornare al suo alloggio.

Poi ha dovuto confidarsi con le sue amiche, che cercano di darle qualche consiglio.

«Quando un maschio della famiglia comincia a fare così, va a finire che ti tocca andartene. Succede spesso» dice Srafata.

«Sì» conferma Danna. «Quando iniziano a starti addosso, è finita: è meglio lasciare il lavoro prima che succeda qualcosa. L'anno scorso mia sorella maggiore ha vissuto la stessa situazione. Il suo padrone non la smetteva di assillarla e alla fine l'ha violentata. Lei ci è stata così male che è tornata per sempre al villaggio.»

«È successo anche a me, con uno dei ragazzi della famiglia dove lavoro. Ma io l'ho rimesso in riga subito» dice Srafata. «Dipende da quanto sei capace di difenderti, ma sarebbe comunque un peccato se tu fossi costretta a perdere il lavoro per colpa di quello schifoso. È una casa dove si sta bene, e tu sei stata brava a adattarti.»

«E poi conviene anche a te. Da quando hanno chiuso le frontiere non c'è più tanto lavoro. I commercianti non fanno più affari, e sembra tutto fermo in tutta la regione. Non è detto che tu riesca a trovare un posto altrettanto buono.»

Faydé non ha niente da ribattere. È davvero un buon posto il suo e lei non vuole andarsene, ma la situazione comincia a pesarle.

«Prova a vedere come vanno le cose. Tu evitalo e ignoralo, e basta. Vedrai che si stuferà e ti lascerà in pace. In caso contrario, deciderai tu cosa fare» conclude Srafata.

Bintou, sdraiata a pancia sotto, è rimasta in silenzio per un po', poi si appoggia sui gomiti e dice in tono malizioso: «Non hai pensato che... potresti dargli quello che vuole? È un bel ragazzo, no? E così ti farà dei regali».

«Bintou!» ribatte secca Srafata. «Perché le dici questo?»

«Non rompetemi le scatole» dice Bintou irritata, tirandosi su. «Si fa per dire, no? Non è mica la fine del mondo se un uomo le fa la corte.»

«Faydé non è fatta così, non vuole questo tipo di consigli e non ha bisogno di regali.»

«Peggio per lei! Faydé, tutte le ragazze si approfittano dei loro pretendenti. Guardati intorno, non lo fa anche la tua Leïla di cui ci parli in continuazione? Tutte noi accettiamo regali dagli uomini. Non è forse vero, Srafata? Anche tu, non sei forse andata a letto con Sanda, il figlio del padrone della casa dove lavoravi prima?»

«Non dire sciocchezze» si innervosisce Srafata.

«Non te la raccontano giusta, Faydé, ma tu se vuoi continua pure a fare la santarellina.»

Senza aspettare una risposta, Bintou si allunga

di nuovo sulla stuoia, raggomitolandosi in quella posizione che le piace tanto.

Cala di nuovo il silenzio. Le ragazze si coricano, ognuna persa nei propri pensieri. Srafata è furibonda. La storia con Sanda, quanto tempo è passato? Non le ha fatto abbastanza male? Con tutta la fatica che le è costata lasciarsela alle spalle! Perché Bintou, una delle sue migliori amiche, che tanto l'aveva aiutata e confortata all'epoca, ha voluto ricordarle quella storia che alla fine era riuscita a dimenticare?

Faydé è tornata al lavoro, con il cuore pesante. Nei giorni successivi Haman sembra ignorarla, il che l'ha rassicurata. Passa un po' di tempo.

Un pomeriggio Haman la chiama perché vada a prendere i piatti sporchi, e lei non sospetta di niente. L'ha fatto molte volte. Faydé entra nel piccolo appartamento e lui tira la tenda, mettendosi davanti alla porta come per bloccarle il passaggio. Faydé finge di non essersi accorta di nulla, ma il cuore le batte all'impazzata. Sparecchia in fretta e va verso la porta con le braccia in avanti, reggendo le stoviglie.

«Faydé, perché mi sfuggi? Vedo che mi stai evitando, ti ho fatto qualcosa?»

«No, no. Non ti sto evitando» risponde lei timidamente, valutando le possibilità di fuga. Ma l'unica via d'uscita è quella dietro di lui.

«Ho notato che non mi saluti quando arrivi al mattino, e non spazzi il mio appartamento. Mi consideri così poco?» insiste Haman.

Ha alzato un po' la voce, da cui trapela un filo di rabbia.

«È solo perché ho molto lavoro, mi mandano sempre a fare commissioni, e poi devo cucinare. Ma troverò il tempo di pulire il tuo appartamento» dice con voce incerta, desiderosa di uscire da un luogo in cui si sente in trappola. «Scusami. Ho la giusta considerazione per te, ci mancherebbe, ma ora devo andare. Tornerò più tardi a fare le pulizie.»

«Sarò sincero con te: io ti desidero e tu lo sai. Vieni con me in camera.»

«No. Non posso.»

«Perché no? Ti pagherò, non ti preoccupare.»

«No!»

«Come ti permetti? Ricordati che sei solo una serva, in questa casa. Chi ti credi di essere, per osare dirmi di no?»

«Non credo di essere nessuno, ma non voglio!»

«E poi sei solo una *kaado*! Vuoi fare la santarellina con me, quando si sa che passate il tempo ad andare a letto con tutti.»

Haman le afferra un braccio, glielo torce e i piatti cadono a terra con fracasso. Poi le bisbiglia in tono aggressivo: «Stai calma, se non vuoi che ti spezzi il braccio. Non credere che non lo faccia. Ti ho visto negli ultimi giorni: sempre lì a provocarmi, a farmi vedere le tette con quei vestiti scollati. Sempre lì a far ballare le chiappe mentre spazzi per terra. Dài, fammeli vedere adesso, i tuoi seni!».

La trascina brutalmente in camera da letto, e la spinge sul letto come una marionetta spezzata. La ragazza non riesce a muoversi. Lo stupore e il panico la paralizzano. Vorrebbe urlare, ma non riesce ad aprire bocca, a emettere il minimo suono. Vorrebbe scappare, ma le sue membra non le obbediscono più. Solo i suoi occhi pieni di terrore sembrano ancora vivi.

Vedendo che non reagisce, Haman pensa che si sia arresa. Le apre la cerniera della camicetta, le slaccia il reggiseno e i seni appuntiti sbucano fuori. La loro vista lo fa impazzire. Si butta sul letto, le strappa il *pagne* di dosso, mentre con le mani avide esplora quel corpo alla sua mercé. Faydé non reagisce, non si dibatte. La sua mente si è staccata dal corpo, e subisce quella cosa orribile come se non la riguardasse.

La passività di Faydé stupisce il suo aguzzino, e subito dopo lo riempie di orgoglio. Pensa che sia l'effetto del suo fascino irresistibile. È solo una serva, non può che essere onorata dall'interesse che le sta dimostrando. E poi è una contadina e le contadine, si sa, non fanno mica storie! Haman allenta la presa su di lei e comincia a spogliarsi. Faydé torna in sé alla vista del membro turgido di desiderio, pronto a penetrarla. In un ultimo sforzo, si rialza con uno scatto e sfugge alle mani che cercano di trattenerla. Esce correndo dall'appartamento.

Sul viso rosso per la paura e la vergogna, le lacrime scorrono incessanti. Le è rimasta solo la gonna, e la camicetta aperta che lascia intravedere il seno. Corre senza vedere nulla. Incrocia Biri, che sta annaffiando le piante e la guarda, sbalordito.

«Faydé, cosa ti succede?»

Lei non risponde. Deve uscire dalla concessione prima possibile, andarsene di qui e non tornarci mai più. Disperata, corre come se il suo aguzzino la inseguisse. Rivede il sesso eretto, ebbro di desiderio, quel fallo che la dava per scontata, e corre ancora più veloce. Deve fuggire da qui, a tutti i costi. Le lacrime la accecano, quasi non vede Leïla che le viene incontro.

«Faydé, cosa ti succede? Dove corri come una matta, mezza svestita così? Ma stai piangendo?»

Lei non risponde e continua a correre. Il grande cancello è lì. Non vede l'ora di superarlo. Sente ancora il respiro caldo del giovane sul collo, quando lui l'ha buttata sul letto, il suo alito quando ha cercato di baciarla. *Sei solo una* kaado, *una contadina! Non sei una Fulani!* Le parole le martellano in testa, come se fosse la prima volta che le sente.

Proprio mentre sta per lanciarsi fuori, si imbatte in Boukar. I loro sguardi si incrociano per una frazione di secondo.

«Faydé? Cosa c'è? Cosa sta succedendo?»
Il professore è sbalordito. Capisce che deve essere accaduto qualcosa di grave.
«Faydé, calmati. Dimmi cosa ti capita!»
Le tocca la spalla. Lei sussulta, come se si fosse svegliata di soprassalto da un incubo. La mano di Boukar le ricorda quelle che pochi attimi prima afferravano il suo corpo. Allora riprende a correre, e supera il cancello socchiuso senza nemmeno fermarsi a richiuderlo.

8

«Non puoi continuare a startene lì sdraiata, Faydé! Devi prendere una decisione» le ripete Srafata con dolcezza, cullandola con lo sguardo ben più del suo solito.

«Srafata ha ragione, Faydé. Per quanto tempo hai intenzione di continuare a fare la malata? È già passata una settimana.»

Le ginocchia strette tra le braccia, Faydé è seduta a terra sotto l'albero di mango. È pallida, i tratti del viso tirati al massimo. Da quando è fuggita dalla concessione, atterrita e traumatizzata, non ci è più tornata.

«Più o meno ci siamo passate tutte, da una situazione così. E tu sei anche stata fortunata, sei riuscita a scappare in tempo. Te la ricordi Raabi, la mia vicina al villaggio? È stata violentata dal figlio del padrone. E potrei farti la lista di decine di donne a cui è capitata la stessa sorte. Non è la fine del mondo, e tu sai che succede anche al villaggio. Pensa a tua cugina, non è forse stata rapita e poi costretta a sposarsi? E mia sorella più grande? È stato nostro padre a farla rapire, per farsi dare la dote.»

«Un uomo ha rapito la nostra amica Fanta e ha chiamato i suoi amici a dargli manforte, per tenerla ferma intanto che la violentava. L'ha tenuta prigioniera per due settimane, e alla fine il padre l'ha scongiurato di tenersela, visto che tutti sapevano già che l'aveva presa.»

Faydé tiene gli occhi bassi e continua a starsene in silenzio. Le sa tutte queste cose, lo sa che al villaggio è ordinaria amministrazione. Da giorni le ragazze continuano a rifare gli stessi discorsi. Tutte la incoraggiano a riprendere il lavoro, ma rimettere piede alla concessione le sembra un'impresa al di là delle sue forze.

Quando Faydé è arrivata mezza svestita, piangendo a dirotto, nel loro alloggio c'era solo Bintou, che era andata subito a cercare Srafata. Le ragazze si sono passate la voce: era successo qualcosa di brutto a Faydé. E sono tornate tutte quante, abbandonando il lavoro.

Inconsolabile, Faydé ha pianto fino allo sfinimento. Ma quando le altre hanno capito che alla fine se l'era cavata solo con un grosso spavento, sono tornate al lavoro. Sono fatti che accadono troppo spesso, per correre il rischio di perdere il posto.

Uscendo dalla loro stanza si sono imbattute in Biri, che stava arrivando in compagnia di Boukar.

Il professore si è seduto in silenzio sotto l'albero di mango, e Biri ha insistito perché Faydé uscisse a parlare con loro. Lei si è rivestita, gli occhi arrossati e gonfi per il lungo pianto. La presenza di Boukar negli alloggi della servitù era tutt'altro che consueta, ma sul momento Faydé non ci ha neanche pensato, perché aveva la penosa sensazione di galleggiare sul vuoto e di non esserci con la testa.

Biri le ha fatto qualche domanda ma lei non ha risposto, non lo ha nemmeno ascoltato. Lui le ha parlato prima in fulani, poi nel loro dialetto, ma lei si ostina a stare a testa china.

Boukar l'ha guardata per un po' in silenzio.

Poi ha fatto un cenno a Biri, chiedendogli di lasciarli soli per un momento, e le ha sussurrato con voce dolce: «Guardami, Faydé. Sai che sono tuo amico, e che voglio solo il tuo bene. Dimmi cos'è successo».

Lei ha continuato a fissare il terreno, come se fosse la cosa più importante per lei. La testa le pesa una tonnellata, riesce a malapena a tenere gli occhi aperti.

«Qualcuno ti ha toccata? Devi dirmi la verità, altrimenti non so come aiutarti.»

«No.»

«Perché piangi, allora? Perché non avevi il tuo *pagne*? Su, smetti di piangere e raccontami tutto.»

Lei non ha risposto, senza smettere di tremare come una foglia al vento.

D'improvviso le è venuto male allo stomaco e si è allontanata per vomitare. Biri, che era rimasto nei paraggi, le ha versato un po' d'acqua da una giara e gliel'ha portata. Faydé si è sciacquata la bocca e si è lavata la faccia.

«Non c'è dubbio, anche tu ti sei presa la malaria.»

«Passerà, non ho niente.»

«Hai la febbre» ha aggiunto Biri, mettendole una mano sulla spalla. «Non puoi restare così.»

«Vieni, Faydé, ti accompagno alla clinica» ha detto Boukar con tono fermo.

«Siamo quasi a fine mese. Io non ho più soldi.»

«Non importa, io ce li ho e pagherò. Forza, andiamo!»

«No, professore, non ne vale la pena» ha cercato di obiettare lei.

Biri è andato nella stanza delle ragazze a prenderle un paio di babbucce, le ha detto di metterle e tenendola per mano l'ha costretta ad andare con loro. La resistenza di Faydé era ormai ridotta al lumicino, perché sentiva la febbre malarica che stava salendo e si diceva che a quel punto non aveva altra scelta che farsi curare.

Per una settimana ha assunto i medicinali che le hanno prescritto, e sta già meglio.

«Faydé, ci vuoi dare retta?» la rimbrotta Srafata, che pare non poterne più. «Onestamente, non ti sembra di esagerare? Siamo a fine mese, devi tornare almeno a ritirare lo stipendio. Puoi anche lasciarlo, questo lavoro, ma non so se troverai un'altra casa così buona. E il tuo posto non resterà libero a lungo.»

«Ah, Faydé, se proprio vuoi andar via da lì lo prendo io il tuo posto. Preferisco la casa dove stai tu a quella dove sto io» aggiunge Danna, con una risata.

«E non importa dove andrai a lavorare dopo, se non sai affrontare questo genere di situazioni non te la caverai mai. Se non puoi più lavorare come domestica, dovrai andartene da qui e raggiungere tua madre, a spaccare pietre insieme a lei. A meno che non torni al villaggio...»

Tornare al villaggio? Un'idea che sgomenta Faydé, al punto da produrre su di lei l'effetto di una scossa elettrica. Tornare al villaggio? Quale villaggio? Cosa farebbe da sola al villaggio, quando quelli che ci vivevano sono andati via tutti? Alcuni sono finiti nel campo profughi, altri si sono dispersi qua e là, nelle città e nei villaggi circostanti, dove hanno potuto. Faydé rivede il volto triste di sua madre e si ricorda di suo padre, giusto il tempo di ritrovarsi dopo quattro anni e lui già era ripartito verso sud, in cerca di qualche modo per sbarcare il lunario.

Ricorda come i suoi genitori si siano detti fieri di lei e del fatto che se la stesse cavando così bene, e quanto sono stati felici i suoi fratellini per i dolcetti che Faydé gli ha portato.

«A proposito, le tue padrone hanno chiesto

di te più volte. Sono esasperate. Biri gli ha detto che sei malata, ma stanno diventando impazienti. Proprio oggi Diddi mi ha fatto chiamare per chiedermi tue notizie. Ha detto che se non torni tu a servizio da loro dovrò trovarle un'altra ragazza» aggiunge Srafata. «Sicura che vuoi andare a spaccare pietre? È un lavoro talmente duro!»

Faydé pensa a sua madre: senza mai separarsi dalla figlia più piccola, passa tutta la giornata ai piedi della montagna che sovrasta Maroua, a spaccare con grande fatica le pietre che alla sera rivende, guadagnando a malapena il necessario per non morire di fame. Faydé non può assolutamente diventare di nuovo un peso, quando tutta la famiglia conta più che mai sul suo stipendio.

«Domani ci torno. Torno a lavorare da Diddi. Mi sento solo un po' debole.»

«È la malaria, è normale. Lavorando ti sentirai meglio, e mangerai anche meglio e di più.»

«Sì.»

«È la scelta giusta, Faydé. Cose così capitano a tutte. Non devi aver paura di lui, evitalo e basta. E se torna alla carica, digli che ti andrai a lamentare con la famiglia e che racconterai di questa storia a tutti i vicini. È gente che ci tiene molto alla dignità, e hanno paura che vengano messe in piazza le loro porcherie.»

«Va bene» risponde Faydé, con un sospiro rassegnato.

Le viene il panico solo al pensiero di rivederlo.

Ma davvero può scegliere? Deve assolutamente tornare a lavorare, se non vuole perdere il posto. È una buona casa, dopotutto. Si è abituata alla famiglia, ha imparato il lavoro e trovato un giusto ritmo. Le piace ridere con i bambini, chiacchierare con Leïla e scherzare con Biri. Si è affezionata a Naïma, la sorellina di Leïla, e soprattutto non vuole staccarsi da Boukar. Sa di non poter neanche immaginare un qualunque progetto di vita insieme a lui, ma le basta anche stargli intorno, anche solo vederlo da lontano.

L'ha commossa che lui si sia preso la briga di seguirla vedendola in lacrime, in uno stato di profonda angoscia. E gli è molto grata per averla accompagnata alla clinica e aver pagato le cure. Boukar è venuto a trovarla più volte per assicurarsi che stesse meglio, sempre accompagnato da Biri, e non si è mai presentato a mani vuote. Banane, yogurt, pane e anche carne alla brace.

Una sera, Biri si è allontanato un istante per fumarsi una sigaretta e Boukar si è seduto su uno sgabello sotto l'albero di mango. E di nuovo le ha chiesto, con tono garbato: «Ancora non vuoi dirmi cosa è successo veramente quel giorno, Faydé?».

A quel punto si è lasciata andare, e si è confidata con lui. Mentre raccontava, Boukar è diventato scuro in volto, finché non è sbottato: «Che schifoso, quel ragazzo! Avevo già sentito certe brutte storie su di lui, ma non avrei mai pensato che potesse cadere così in basso».

«Non più schifoso di altri, professore» ha risposto Biri, che nessuno dei due ha visto avvicinarsi e che ha sentito tutto. «Nelle grandi città è storia di ogni giorno che le nostre donne più giovani vengano molestate e spesso anche stuprate. Per molta gente è una cosa fin normale.»

«Di che gente stai parlando? Delle ragazze che vengono molestate o di quelli che le molestano? Per chi questa cosa è fin normale, me lo dici?» ha reagito Boukar, furibondo.

Il suo sguardo così garbato manda lampi di fuoco, e riesce a malapena a controllare la voce.

«Per tutti e due, professore. Per le ragazze, che pensano che sia normale essere vittime dei padroni, e per i padroni, che pensano che sia normale approfittarsi delle serve, e di certo non pensano mica di essere dei criminali. Secondo me vale per tutti, professore. Guardati intorno. Se Haman fosse riuscito a violentare Faydé, cosa gli sarebbe successo? Un bel niente» ha aggiunto Biri, furioso. «Quanti di questi uomini che violentano le domestiche sono in prigione? Credimi, se anche venissero denunciati, ci rimarresti male a scoprire quanti sono quelli che finiscono *davvero* in galera.»

«Questo non è normale.»

«Ma in questa città, in questo paese, funziona così.»

«Le ragazze, comunque, li possono denunciare.»

Biri ha sgranato gli occhi prima di scoppiare a ridere in faccia a Boukar, che lo guardava interdetto. La sua risata naturale è così forte che persino Faydé alla fine ha abbozzato un sorriso, pur senza smettere di sentirsi avvilita. Boukar invece è rimasto serio, angosciato per quello che ha appena sentito.

«Non vedo cosa ci sia da ridere.»

«Per quello che hai appena detto, che dimostra che sei un ingenuo! Dimmi un po', professore, dove hai studiato? Pensi davvero che una domestica possa andare in una stazione di polizia e denunciare il suo padrone? Chi vuoi che le dia retta, alla poverina? E poi, se sporge denuncia, la prima cosa che fanno è metterci lei, dietro le sbarre.»

«Non sono le vittime che finiscono in prigione!»

«Scusami capo, ma tu proprio non puoi capire, questo non è il tuo mondo. E non venire a darci consigli, finirai col farci avere dei problemi invece di risolverli. Va tutto bene, sei stato gentile, ti sei preso cura di Faydé e l'hai fatta curare, ma non venire più qui. Questo non è il posto per te.»

«Ma...»

«Basta così, professore» ha concluso Biri, il volto impenetrabile, prima di aggiungere in dialetto rivolto a Faydé: «Va a finire che il tuo amico qui ci mette nei guai. È meglio se ti riprendi, e te ne torni al lavoro».

Tacere, far tacere anche il cuore e continuare a lottare per la sopravvivenza non è una semplice scelta, è la realtà alla quale bisogna conformarsi.
Faydé non è stata violentata, tanto meglio per lei.

Il giorno dopo è tornata al lavoro alla casa.
Il viso pallido e magro non lascia dubbi sulle sue condizioni di salute. Ha avuto un attacco di malaria, dice alle padrone, mentre le tre co-spose fanno colazione nel porticato.
«Malaria? Lo spero per te. Se sei incinta, meglio che tu lo dica subito» la incalza Ayya in tono sprezzante.
«Incinta?»
«Non fare l'innocentina con me! Lo sappiamo quanto siete facili. Arrivate qui in città e vi bastano due o tre mesi di paga per illudervi di essere diventate persone civili. Poi, a un certo punto, rimanete incinte.»
«No, non sono incinta» mormora Faydé.
«Hai avuto la malaria, Faydé, succede» interviene Diddi secca, cambiando discorso. «Con tutte le zanzare che ci sono in questa stagione, non c'è da stupirsi. Non sforzarti, fai quello che puoi, i piatti e le pulizie. Questa settimana non cucinerai. Ognuna di noi farà il possibile quando sarà il suo turno» conclude, fissando con insistenza l'ultima moglie.
Ayya sospira irritata, vorrebbe ribattere ma ci rinuncia. La dissuadono lo sguardo determinato

di Diddi e la presenza di Nenné, sempre pronta a prendere le parti della prima moglie. Però lancia un'occhiata severa alla domestica, come se fosse lei la causa di tutte le sue disgrazie.

Più tardi, nel corso della mattinata, Faydé sta riordinando il soggiorno di Diddi e quest'ultima, sdraiata sul divano, si tira su a fatica e le rivolge la parola.

«Faydé, ti ricordi cosa ti ho detto quando sei arrivata qui? Sono io la madre di questa famiglia. Sono io quella che risolve i problemi, tu a me puoi dire tutto. Lo sai, vero?»

«Sì, Diddi.»

«Non ti ho sempre trattato bene, fin dal momento in cui hai cominciato a lavorare qui?»

«Sì, sì, Diddi.»

«Allora, dimmi esattamente cosa è successo. Perché sei uscita da questa casa senza *pagne*, mezza nuda e in lacrime? Sì, so già tutto! Tu dimmi solo la verità.»

Faydé si siede sul tappeto e comincia a raccontare quello che le è successo. È intollerabile dover rivivere tutto, ma lo sguardo indignato e al tempo stesso benevolo di Diddi la rassicura.

«Haman è una canaglia. Non ne fa una giusta, quel disgraziato» esclama Diddi, disgustata. «Adesso sta esagerando, e se continua così dovrò proprio dirlo a suo fratello maggiore. Faydé, non ti preoccupare, con lui ci parlo io, vedrai che non ci riprova più. Quanto alle pulizie del suo appartamentino, non è compito tuo farle. Che lo chieda a Biri. Hai capito?»

«Sì, Diddi.»

«Quello che non mi piace, però, è che Boukar venga dove siete alloggiate voi. Cosa c'è tra voi due? Perché si preoccupa così tanto per te?»

«Non c'è niente, Diddi, assolutamente niente. Boukar ha solo notato che Biri mi veniva a trovare, e dato che mi aveva visto in quello stato, si è preoccupato ed è venuto a chiedere mie notizie anche lui.»

«Boukar non è qui per occuparsi dei problemi della servitù.»

«No, Diddi. Ha solo avuto pietà di me.»

È sollevata dal fatto che qualcuno rimetterà in riga Haman, e già questo la fa stare meglio. Ma spera con tutto il cuore che la benevolenza di Boukar nei suoi confronti non si ritorca contro di lui.

Deve trattenersi dal sussultare quando sente le parole di Diddi, dal tono di chi pensa ad alta voce: «Tra non molto Boukar deve sposare Hapssi, mia nipote. Mi darebbe veramente fastidio, sentire in giro brutte voci su di lui».

III

FINO ALLA FINE DEI SOGNI

«La via più breve per andare da un punto
all'altro non è la linea retta, ma il sogno.»
Proverbio maliano

1

Lui sta per sposarsi!

C'era da aspettarselo, perché mai deve sentirsi tanto ferita? Boukar sta per sposarsi, con una ragazza del suo stesso ambiente: una bella ragazza di buona famiglia, musulmana e fulani come lui. E allora? Faydé cosa c'entra in tutto questo? E soprattutto, perché la notizia le impedisce di dormire? Non fa che tremare, il cuore stretto in una morsa, la voglia di piangere ormai incontenibile.

Boukar sposerà Hapssi, la nipote di Diddi, figlia del grande Alhadji Bakary. Faydé la vede spesso, capita che vada a trovare sua zia o Leïla, ma Hapssi non le rivolge mai la parola. È di carnagione chiara, minuta, aggraziata, con gli occhi a mandorla e la bocca ben disegnata. È sempre vestita bene, truccata in modo impeccabile, riservata, e le persone come Faydé sono troppo insignificanti perché lei si disturbi a parlare con loro.

Faydé ha ormai imparato a evitare Boukar. Quando lo incrocia, gli rivolge a malapena un saluto furtivo. Eppure lui la guarda con insistenza quando gli passa accanto, e nei suoi occhi c'è uno strano e indefinibile luccichio. È rabbia? Tristezza? Faydé non lo sa, comunque Boukar non appartiene al suo mondo e non sarà mai suo amico. Ma il cuore disobbedisce e fa quello che gli pare. Il suo poi, è più ostinato che mai! La mente di Faydé è interamente occupata proprio da ciò che vorrebbe strappare via anche se non ci riesce, pur facendo consapevolmente tutto il possibile.

Sì, lui sta per sposarsi!

Per il momento, il matrimonio per cui fervono i preparativi è quello di Leïla. Visto tutto quello che è successo in città negli ultimi tempi, con gli attentati e gli attacchi di Boko Haram sempre più audaci e dalle conseguenze sempre più tragiche, è impossibile organizzare grandi cerimonie. Le manifestazioni con più di cinquanta persone sono vietate in tutta la regione. Il coprifuoco inizia alle ventidue. In una città dove le veglie notturne sono una tradizione culturale, si tratta di un autentico mutamento. Leïla è fuori di sé dalla rabbia. Lo ha sognato tanto un matrimonio in grande stile, e ora, per via di questa faccenda del terrorismo – che secondo lei non la riguarda affatto – glielo vogliono impedire.

«Se non posso invitare tutte le mie compagne di scuola al matrimonio, allora non vale la pena sposarsi» brontola ancora una volta, rivolgendosi alla madre e alle matrigne, riunite nel porticato.

Ayya, come al solito, si sta annerendo le piante dei piedi con l'henné, il cui odore agrodolce profuma l'aria, mentre Nenné si pettina le trecce. Diddi ha appena preso un po' di henné per decorarsi le dita e si blocca, sbalordita.

«Annullare il matrimonio? Sei impazzita, Leïla? Vuoi far scoppiare uno scandalo?»

«Il mio matrimonio farà schifo e non lo posso sopportare» continua Leïla, imbronciata.

«Il tuo matrimonio sarà comunque bello, tesoro» dice Ayya. «Tu sarai bella, riceverai tanti bei regali e, anche se non ci sarà molta gente, tutti guarderanno e riguarderanno i video della cerimonia. E poi andrai a vivere a Douala! Volevi tanto lasciare Maroua, pensa alla fortuna che hai.»

«Dobbiamo annullare o rimandare il matrimonio. Oppure facciamo quello che ci pare: chi se ne importa dei divieti! Tanto saremo in casa nostra, la polizia non entrerà nella concessione.»

«Leïla, ne ho davvero abbastanza del tuo egoismo e del tuo atteggiamento da ragazza viziata e immatura» finisce per esplodere Nenné.

È la più dolce e schiva delle mogli, Nenné, ed è così raro che alzi la voce, ma questa volta è fuori di sé, gli occhi le brillano di rabbia, mentre punta un dito minaccioso in direzione di sua figlia.

«Ci stiamo tutti dando da fare perché il tuo matrimonio sia un successo. Tuo padre ha già fissato la data e in quella data ti sposerai, che ti piaccia o no. Sono stanca dei tuoi capricci. Ti rendi conto che ci sono persone che hanno perso la vita in questi attacchi? E che anche noi potremmo esserne vittime? Basterebbe un bambino con un giubbotto esplosivo che si intrufola durante la cerimonia.»

«Ora basta, Nenné» interviene Diddi. «È solo stressata, non facciamone un problema. E tu, Leïla, vatti a riposare e finiamola.»

I preparativi per il matrimonio sono ben avviati, anche se alcune cose previste inizialmente hanno dovuto essere modificate all'ultimo minuto. L'estetista ciadiana che avrebbe dovuto coccolare la futura sposa per un mese, applicandole un'infinità di trattamenti – la depilazione con la ceretta araba, la tradizionale sauna secca con legno di acacia, le maschere a base di argilla, spirulina e *dilké* per renderla ancora più bella –, non ha potuto spostarsi perché la frontiera tra il Ciad e il Camerun era chiusa. Hanno quindi dovuto chiamare un'altra estetista che gestisce un salone di bellezza a Yaoundé, e che ha accettato di chiudere il suo centro per venire a prendersi cura di Leïla. Era previsto anche di comprare a Kano, in Nigeria, gli utensili da cucina da aggiungere al corredo della sposa, insieme a quelli da portare in dono ai suoceri, ma anche in questo caso è stato necessario adattarsi, e gli utensili sono stati acquistati a Douala, dato che le frontiere con la Nigeria sono chiuse.

I dolci sono stati consegnati, il corredo è pronto e Leïla ha passato ore a scegliere i mobili, sulla base delle foto che uno dei cugini le ha fatto avere su richiesta di suo padre. Tutto l'arredamento verrà comprato a Douala e consegnato direttamente all'indirizzo del suo nuovo appartamento. Non verrà mostrato nulla agli invitati di Maroua, come vorrebbe la tradizione, e anche questo provoca sospiri di irritazione da parte di Leïla. Dovrà accontentarsi di inviare alle amiche le foto delle cose che ha scelto. Inutile farsi illusioni: non esiterà a cambiare tutto anche all'ultimo minuto, a seconda dei commenti dell'una o dell'altra amica.

Non si può che fare buon viso a cattivo gioco. Alla fine, anche se non sarà la cerimonia dei suoi sogni, Leïla sembra contenta lo stesso. È riuscita a convincere Mohamadou a portarla al mare a Kribi per la luna di miele e a regalarle poi un viaggio a Dubai. «A condizione che io possa essere orgoglioso e felice» ha però aggiunto lui. «Ci capiamo, vero?» *Quando un Fulani parla, è perché un altro Fulani capisca*, dice il vecchio adagio. Ovviamente, Leïla ha capito a cosa si riferiva. Cosa potrebbe renderlo più orgoglioso e felice della conferma che la sua fidanzata è vergine, che non è mai stata toccata da un uomo e che lui, lo sposo, sarà il primo e unico a godere di questo privilegio?

La faccenda preoccupa Leïla, ma non c'è nessuno della famiglia con cui può parlarne – così, una sera, chiede consiglio a Faydé, che si sta riposando un attimo mentre Biri annaffia i fiori.

«Tu l'hai già fatto, Faydé?» sussurra sedendosi sul piccolo argine che separa le rose dagli altri fiori.

«Fatto cosa, Leïla?»

«Quella cosa.»

«Non capisco.»

«Hai mai fatto l'amore con qualcuno?»

«Tu l'hai fatto?»

«Certo che no, non l'ho fatto! Come ti viene in mente che possa averlo fatto prima del matrimonio?»

«Visto che vieni a chiedere a me se l'ho fatto...» le fa notare Faydé ridendo.

«Ssh! Non facciamoci sentire. Te lo chiedo perché per voi non è lo stesso che per noi» aggiunge Leïla. «Dicono che per voi andare a letto con un uomo senza essere sposate non è un problema.»

Ci si fanno così tante idee sugli altri! Tutte le domestiche sono ragazze leggere, e i contadini pensano solo al sesso. Dio solo sa quante cose più importanti hanno di cui preoccuparsi, invece che il sesso! Solo quelli che non hanno preoccupazioni si fanno fantasie su questa libertà, soprattutto quelli che vorrebbero viverla ma non lo ammetterebbero mai.

«Mohamadou non parla d'altro, me lo dice ogni giorno quanto è importante per lui la verginità. Questa cosa mi stressa enormemente, anche se sono vergine. Non si sa mai, ho sentito tante di quelle storie di ragazze che lo erano ma non hanno potuto dimostrarlo, perché non hanno sanguinato la prima volta...»

L'arrivo di Hapssi, appena entrata nella concessione insieme alla sorellina, interrompe le confidenze. Hapssi saluta Leïla con un sorriso e, come al solito, ignora la giovane domestica. Leïla la raggiunge ed entrambe si dirigono verso l'appartamento di Diddi, chiacchierando allegramente senza più degnare di uno sguardo Faydé.

La ragazza ritorna in cucina, dove due grandi pentole stanno cuocendo a fuoco lento, e armeggia per cercare di tenere il fuoco acceso. Hanno consegnato del legno umido, che deve essere stato tagliato da un po'. Il fumo ha invaso la cucina, le irrita gli occhi e la fa lacrimare, l'odore le impregna i vestiti. Diddi si affaccia sulla soglia e chiede: «C'è del tè pronto, Faydé? Portane subito un po' nel mio salotto, ci sono ospiti. E usa le tazze belle».

Faydé prepara in fretta il tè e lo versa in un thermos dorato, decorato con motivi in rilievo. Poi tira fuori da una scatola delle tazze nuove, riservate agli ospiti di spicco. Infine asciuga il vassoio, prima di sistemarci sopra il tutto e portarlo da Diddi.

Le giunge all'orecchio la voce di un uomo, che sta parlando con Leïla. Senza alzare gli occhi sugli ospiti, in gran fretta, Faydé appoggia il vassoio sul tavolo. Ma Diddi le dice: «Porta i tavolini, Faydé, e anche i pasticcini. E voi ragazze, Leïla e Hapssi, su, servite gli uomini».

«Grazie, Faydé!»

È Boukar, che la ringrazia in tono sommesso. Faydé alza lo sguardo, sorpresa: non aveva notato che era lui l'ospite. Ma certo, è lì con Hapssi, e l'uomo che parla con Leïla è il fratello di Mohamadou.

Faydé si sente la ragazza più infelice della Terra. Si precipita fuori dal lussuoso salotto dove non c'è posto per lei. Con addosso un *pagne* sbiadito e una vecchia maglietta, è coperta di sudore e puzza di fumo. Hapssi serve il tè con grazia, gli occhi bassi, un sorriso sulle labbra, e offre al fidanzato i pasticcini sotto lo sguardo tenero della zia.

Faydé si precipita in cucina e si affretta a riattizzare il fuoco, soffiando disperatamente sulle braci. Le lacrime che le sfuggono dagli occhi non dipendono solo dal fumo pungente e soffocante. Ayya, che è di turno in cucina, constata che non è ancora pronto nessun piatto e comincia a rimproverarla con severità.

«Stupida, vuoi mettermi in imbarazzo con Alhadji per caso? Te lo immagini cosa mi può succedere, se all'ora di cena non c'è niente di pronto? Basta molto meno per farsi ripudiare. Qui c'è qualcuno che vuole giocarmi un brutto tiro, ci scommetto!»

«Ayya, il legno è umido, fa fumo e il fuoco si spegne subito. Non posso farci niente, non è colpa mia» grida Faydé, asciugandosi gli occhi arrossati e pieni di lacrime.

«E il fornello a gas?»

«È occupato. Ho messo i polli a cuocere, ma sono quasi pronti.»

«E la stufa a carbone?»

«Non c'è quasi più carbone, ma ho comunque acceso quel poco che c'era e messo su il bollitore per il tè.»

Dal salotto arriva la voce di Leïla, insieme a quella più discreta di Boukar. È una voce che potrebbe riconoscere tra mille. Quando lui si congeda, Faydé si rintana nella cucina piena di fumo, pur di nascondersi al suo sguardo.

Una volta terminate le faccende, Faydé torna mestamente a casa senza concedersi neanche un po' di televisione o un momento con i bambini. Non vede l'ora di coricarsi, nella calda penombra della sua stanza.

Ha appena finito di farsi la doccia quando entra Srafata, tutta elegante. Nota subito gli occhi arrossati dell'amica.

«Hai pianto?» esclama preoccupata.

«No, non ho pianto. La legna che ci hanno portato è umida e fa molto fumo. Oggi ho fatto tanta fatica a cucinare, e il fumo mi bruciava gli occhi. Sono stanca, devo dormire.»

«Faydé, lo so che hai pianto. Dimmi cosa c'è che non va.»

«Mi viene solo un po' di tristezza, Srafata» ammette Faydé «quando sento queste ragazze parlare di matrimonio, quando sento Leïla arrabbiarsi perché il coprifuoco le impedisce di avere un matrimonio sontuoso. Vuole solo mettersi in mostra e non si rende conto di tutto quello che sta succedendo con Boko Haram. E Ayya poi ha passato la giornata a rimproverarmi. Sono stanca di essere la serva di tutti in quella casa.»

«Faydé, ti prendi troppo a cuore ogni cosa. Ma anch'io sono triste e sono stanca, mia madre si lamenta tutto il giorno e non abbiamo ancora avuto notizie di mia cugina. Dài, su, è sabato, abbiamo bisogno di cambiare aria ed è ancora presto. Vestiti bene, è ora che tu scopra cosa succede di sera a Domayo» dice Srafata con un sorriso, giusto per alleggerire l'atmosfera.

«Non sono in vena di divertimenti, Srafata.»

«Fa niente, esci con me lo stesso.»

Srafata ha ragione. Faydé deve cercare di pensare ad altro. L'amica la convince a vestirsi in modo civettuolo e a truccarsi un po'. Si siedono al tavolino di un bar. La città, nonostante il coprifuoco, è animata, anche se una buona metà degli uomini è in divisa. Mentre sorseggiano una bibita, un uomo si avvicina a Srafata e iniziano a chiacchierare. Faydé si sente un po' trascurata.

«Srafata sono stanca, me ne vado a casa. Se

vuoi rimanere non c'è problema, mi prendo un mototaxi» aggiunge, alzandosi.

«Sei sicura di voler già tornare?» si stupisce Srafata, accompagnandola fino al ciglio della strada.

«Questo tizio mi piace, e mi sta facendo la corte. Viene da un altro villaggio, poi ti racconto.»

«È il tuo amante?»

«Magari lo diventerà. Mi piace tanto, anche se non so molto di lui. Hai i soldi per tornare a casa?»

«Ma sì, non preoccuparti. Mi ha fatto bene uscire un po'.»

In piedi sul ciglio della strada Faydé cerca di fermare un mototaxi, quando un'auto di piccola cilindrata frena proprio davanti a lei. Qualcuno la chiama, e con sua grande sorpresa è una voce che conosce fin troppo bene.

«Faydé, cosa ci fai qui a quest'ora della notte?»

«Sono libera di andare dove voglio.»

«Sali» dice Boukar, aprendo la portiera dal lato del passeggero. «Ti accompagno io.»

«Prenderò una moto.»

«Sto tornando verso il nostro quartiere.»

«Ma io no.»

«Davvero? E dove pensi di andare? Tra meno di due ore comincia il coprifuoco.»

Faydé si morde le labbra e rimane ostinatamente immobile. Boukar allora scende dalla macchina, raggiungendola sul marciapiede.

«Non essere ridicola, Faydé. Non so nemmeno perché sei arrabbiata con me, da un po' di tempo in qua. Dài, sali.»

Alla fine Faydé cede, anche se ritrovarsi accanto a lui nello spazio ridotto dell'abitacolo dell'auto la turba parecchio. Boukar mette in moto, chiude i finestrini e accende l'aria condizionata. Guida piano, senza dire una parola, poi si ferma davanti a un negozio.

«Torno subito, ho sete, vado a prendermi una bottiglia d'acqua.»

Lo vede scambiare due chiacchierare allegre con un ragazzo. Ha abbandonato il *boubou* tradizionale che indossava nel pomeriggio, tutto lucido e inamidato, e lo ha sostituito con una maglietta bianca e dei jeans. Tende a Faydé una bottiglia di succo d'arancia e riparte.

«Ora spiegami perché ce l'hai con me.»

«Io non sono arrabbiata con te.»

«Allora perché non mi parli più?» dice Boukar, addentando un biscotto e porgendo il pacchetto alla ragazza.

«Con te ci parlo, però ci sono momenti in cui non ho niente da dirti, prof.»

«Eravamo amici una volta, o no? Ci facevamo delle belle chiacchierate. Ma mi sono accorto che da un po' di tempo a questa parte mi eviti. Allora, cosa ti ho fatto?»

Faydé sente il cuore stretto in una morsa. Sì, deve stare lontana da Boukar: lui non fa per lei, non appartiene al suo mondo, non può essere suo amico e nemmeno il suo amante, tanto meno il suo fidanzato. Lui può amare o sposare solamente ragazze come Leïla o Hapssi.

«Non ce l'ho affatto con te, ma non voglio creare problemi. Diddi mi ha detto che sposerai sua nipote, Hapssi, e che non devi venire negli alloggi della servitù, né parlare con le domestiche. E Diddi ha ragione» aggiunge Faydé tutta mogia.

Nel frattempo sono arrivati dove abita Faydé. Lei sta per ringraziare Boukar e scendere dall'auto, quando lui accelera di nuovo e dichiara a bassa voce: «Sì, sposerò Hapssi, ma il matrimonio non impedisce di avere altre amicizie».

«Quelli come te non possono essere amici di quelli come me. Non apparteniamo allo stesso mondo.»

«Di cosa stai parlando, Faydé? Non siamo forse tutti esseri umani?»

«Tu sei un insegnante e sposerai Hapssi, io sono la domestica della famiglia. E forse un giorno sarò anche la domestica di Hapssi! Ci stiamo allontanando dal quartiere, prof, dovresti tornare indietro.»

Perso nei suoi pensieri, come stordito dall'ultima risposta di Faydé, Boukar continua a guidare. Il silenzio è interrotto solo dalla musica proveniente dall'autoradio. Non c'è tensione, solo una verità difficile da ascoltare.

Si stanno allontanando sempre più dalla casa

di Faydé, quando d'improvviso lui le prende la mano, con un gesto spontaneo, senza aggiungere una parola.

Lei non la tira indietro.

2

Kondem si è abituata alla sua nuova vita da spaccapietre a Maroua. Le sue giornate sono scandite sempre dalla stessa immutabile routine: inerpicarsi sulla montagna lungo il pendio roccioso e con gli attrezzi a sua disposizione, un martello e una semplice barra di acciaio, colpire e spaccare la roccia. Per aiutarla, i ragazzi fanno rotolare le pietre giù per la collina. Poi, con un martello, lei riduce le pietre in ghiaia destinata ai cantieri. Quando arriva a formare un mucchio sufficiente, lo espone per la vendita.

Il lavoro è massacrante. Arriva a sera esausta, la schiena trafitta da dolori lancinanti. I primi giorni le mani le si sono coperte di vesciche, e ha inalato così tanta polvere da non riuscire quasi a respirare. Ma ha continuato impavida a lavorare, insieme a parecchie altre donne diventate col tempo sue amiche. Sono state loro ad aiutarla a guarire le mani, e a darle consigli su come proteggerle.

Non mancano gli incidenti. Due donne hanno di recente perso la vita a causa di una frana. Tuttavia, quando si tratta di sopravvivere, non c'è altra scelta che andare avanti e le tragedie vengono dimenticate in fretta. Non c'è rivalità tra queste donne di origini ed etnie diverse. Ognuna ha un passato doloroso, ha coraggio e tenacia, e la capacità di andare oltre i propri limiti, grazie allo spirito di sopravvivenza che le permette di crescere i figli.

Kondem è riuscita ad affittare una stanza non lontano dalla montagna. Con l'aiuto di Faydé, ha potuto anche comprare due materassi e una stuoia. E la vita si è organizzata intorno alla sua nuova routine quotidiana. Naturalmente sogna di tornare al villaggio, alla sua vita da contadina, al ritmo delle stagioni e al lavoro nei campi. Chi avrebbe potuto prevedere che quella vita semplice e ancestrale, quella della campagna, sarebbe diventata un giorno un lusso? Ma il villaggio non esiste più, e deve farsene una ragione.

È domenica e Kondem si è svegliata presto. La settimana è stata piuttosto buona, perché è riuscita a raccogliere abbastanza ghiaia e ha trovato un buon cliente, un vecchio muratore che non ha tirato sul prezzo che lei gli aveva proposto, quando l'ha vista lavorare insieme ai suoi figli. Mentre aspetta Faydé, Kondem prepara un piatto tipico della sua famiglia. Non importa quanto sia impegnata, sua figlia trova sempre il tempo di passare a trovarla, anche se Kondem l'ha vista cambiata, ultimamente. Sembra più adulta, più radiosa di prima. Anche se un alone di tristezza non abbandona mai il suo sguardo. Kondem evita di farle domande, sa che sua figlia parlerà solo quando sarà pronta a farlo.

Ben vestita, Faydé è appena scesa dal mototaxi e i suoi fratelli corrono ad abbracciarla. Sembra felice e distribuisce biscotti e caramelle, come al solito.

«Dada, ti ho portato dei pasticcini. Nella casa c'è un gran fermento, questa settimana sono cominciate le cerimonie per il matrimonio di Leïla. Ho dovuto insistere per vederti, anche se è domenica volevano che lavorassi, ma ti avevo promesso che sarei venuta a trovarti, anche se solo per un attimo» dice, aprendo la borsa che ha portato.

Ne tira fuori un involto di carne fritta, qualche pezzo di pollo, diversi litri di olio e altre provviste.

«Che bello che sei riuscita a liberarti lo stesso, Faydé. Come mai ci porti tutta questa roba? Non è la fine del mese.»

«Per via del matrimonio gira di tutto in casa, e in abbondanza. Un vero spreco, e tu ne hai bisogno per i ragazzi.»

«Sei così premurosa, figlia mia. Come sta Srafata? E sua madre? Hai qualche notizia? Ha trovato un lavoro?»

«Non credo. A proposito, vogliono che vada con Leïla a Douala, che continui a lavorare per lei.»

Il cuore di Kondem inizia a battere più in fretta. Si aspettava la notizia... teme che Faydé si allontani, e questa volta ancora di più.

Ma Faydé prosegue subito.

«Gli dirò di no, io non ci voglio andare. Non ho nessuna voglia di lavorare per Leïla. E poi devo continuare gli studi, tra non molto si torna a scuola. Chiederò a Danna di andarci al posto mio. In questo momento è disoccupata.»

«Hai ragione, Faydé» risponde Kondem, sollevata.

Quello che Faydé non confessa alla madre è che non ha alcuna voglia di lasciare Boukar e rinunciare al loro nuovo idillio segreto. Non che lei speri chissà cosa, visto che lui dovrebbe sposarsi a breve. Vuole solo vivere il presente, senza pensare al futuro, continuare a vederlo e parlare con lui in quell'auto che è diventata il luogo dei loro incontri segreti. Le loro passeggiate occasionali sono i suoi unici momenti di felicità e lei è pronta a tutto pur di non rinunciare a questo piacere.

Dopo la notte in cui lui le ha preso la mano, non hanno mai davvero parlato dei loro sentimenti. Si accontentano di vivere questi momenti magici, evitando ogni accenno a qualcosa che possa rovinarli. Non si pongono domande destinate a rimanere senza risposta e non pensano alle conseguenze. Passano il tempo insieme parlando della vita e a volte tenendosi per mano. Anche solo osare una piccola carezza è qualcosa di proibito per loro. L'unica precauzione che Boukar ha preso è stata quella di far scurire tutti i finestrini dell'auto, in modo che nessuno dall'esterno possa indovinare chi c'è all'interno.

«È vero, come facciamo per la scuola, Faydé? Bisogna iscrivere i bambini. Ora più che mai devono continuare ad andarci» dice Kondem, mentre la ragazza è persa nei suoi pensieri.

«Ci penso io la prossima settimana, Dada. Ci sono delle scuole nel quartiere.»

«Ho avuto notizie di tuo padre. Doubla è riuscito a mandarmi un po' di soldi, e a farmi sapere che si è appena trasferito a Banyo e sta cercando di darsi da fare, vedremo!»

«Mi manca così tanto, spero di rivederlo presto. Ora devo andare, torno appena posso.»

Ogni sera Faydé si prende il tempo di farsi bella, prima di eclissarsi. Nessuna delle sue compagne di stanza le fa domande, ognuna è fin troppo occupata dalle proprie faccende. Bintou continua a frequentare Sali e a mentirgli. Srafata ha intrapreso una relazione con l'uomo che ha presentato a Faydé e che la corteggia sotto gli occhi di tutti. Danna, alla quale Faydé ha offerto il suo posto a casa di Leïla, non vede l'ora di andare a scoprire Douala.

Anche se loro non lo ammetteranno mai, Faydé ha notato un certo sollievo sui volti delle co-spose, quando ha declinato l'offerta di accompagnare Leïla, assicurando a quest'ultima che Danna sarebbe stata più adatta al ruolo. Danna ha già lavorato per alcuni funzionari del Sud e sa cucinare buoni piatti. Questo ha rassicurato Leïla, ma per un po' la ragazza ha tenuto lo stesso il broncio.

Boukar la aspetta sempre in una stradina deserta, nelle vicinanze del quartiere. Faydé si infila nella macchina con i finestrini fumé e se ne vanno.

Leïla ha finalmente avuto il matrimonio dei suoi sogni, anche se il numero ridotto di invitati e il coprifuoco hanno reso la festa un po' meno splendida. I regali sono stati comunque numerosi e gli abiti magnifici. La sposa era bellissima, ed entrambe le famiglie sprizzavano gioia e soddisfazione. Faydé ha lavorato il doppio e ha chiesto a Danna e alla madre di Srafata di aiutarla. Diddi, per ringraziarla dell'impegno profuso, dopo il matrimonio le ha regalato un *pagne* nuovo e diversi vestiti di Leïla, visto che lei non porterà niente di vecchio nella sua nuova vita.

Ora che Leïla si è sposata, la casa sembra tranquilla e quasi senza vita. Hamza ormai lavora nel negozio di suo padre e sembra soddisfatto. Haman si è trasferito e si sposerà presto, con grande sollievo di Faydé. Boukar è tornato a insegnare, ora che le vacanze sono finite, e Faydé anche quest'anno si è iscritta ai corsi serali. Naturalmente quando si incontrano alla concessione si limitano a salutarsi, nascondendo la loro relazione, che non sarebbe di certo ben vista.

Una sera, alla fine della lezione, lui la aspetta sulla strada di casa. Lei è sorpresa: di solito non si vedono nei giorni feriali, perché Faydé ha i corsi. Boukar sembra preoccupato e Faydé si sente fin da subito sulle spine, ma cerca di alleggerire l'atmosfera raccontando qualche aneddoto. Guidando molto piano, come al solito, attraversa il loro quartiere, entra a Doursoungo e prosegue verso Kongola, ma continua a sembrare perso nei suoi pensieri.

«Prof, c'è qualcosa che non va?»

«No, Faydé, sono solo un po' stanco.»

«Perché sei stanco?»

«Non puoi capire.»

«Spiegami lo stesso.»

Lui non dice nulla, cambia il cd nell'autoradio e poi compie una brusca inversione di marcia, inoltrandosi in una zona della città che Faydé non conosce. Dopo un po' si ferma davanti a una concessione che sembra appena costruita, nella nuova zona residenziale che porta orgogliosamente il nome di Dubai.

«Dove siamo, prof? Che bel quartiere!»

«È casa mia, Faydé, quella che abbiamo appena costruito. Mio padre mi ha dato le chiavi ieri e ho dovuto trasferirmi qui...»

«... in vista del matrimonio con Hapssi» conclude Faydé, con voce quasi impercettibile.

Sapeva che prima o poi il momento sarebbe arrivato. Boukar non risponde subito. Un silenzio pesante cala nell'abitacolo.

«La casa è vuota, adesso non c'è nessuno. Vorrei solo fartela vedere.»

«Perché?»

«Perché mi piacerebbe dividerla con te, solo per un attimo. Non volevo venire qui da solo, senza di te, questa prima notte. Dai un'occhiata e poi ce ne andiamo quando vuoi. Ma se ti dà fastidio lo capisco, e ti riporto subito a casa» si affretta ad aggiungere lui.

Lei fa appena un cenno di assenso col capo. Un nodo in gola le impedisce di spiccicare anche solo mezza parola, intanto che lotta per trattenere le lacrime.

Lui tira fuori un mazzo di chiavi, sblocca il cancello nuovo di zecca ed entra con l'auto nel cortile, che poi richiude con cura. Ci sono due appartamenti nuovi, uno di fronte all'altro. Boukar apre quello più grande, dove aleggia ancora odore di vernice. Il soggiorno è di medie dimensioni, sobriamente arredato con un divano angolare in velluto blu, un mobile basso su cui troneggia un grande televisore, una piccola sala da pranzo e uno scaffale pieno di libri.

Faydé si avvicina alla libreria e, per darsi un contegno, si mette a sfogliare un volume preso a caso. Sussulta quando, andandole vicino, lui le dice: «A Hapssi non piace leggere. Anzi, detesta tutto quello che ha a che fare con la scuola e con la cultura. Non ha intenzione di continuare gli studi dopo il matrimonio. I nostri genitori sono amici di lunga data e mio zio, il padre di Leïla, è sposato con sua zia Diddi, ma tu lo sai già. E così mio padre me l'ha proposta come moglie».

«Ah!»

«O meglio, l'ha chiesto a suo padre e lui ha accettato, ancora prima di proporla a me. Ma la conosco da sempre, è una ragazza carina, anche se molto timida.»

«Certo» concorda Faydé, rimettendo il libro al suo posto. «Sono felice per te, è una bella casa. Le sarà di sicuro piaciuta, quando l'ha vista.»

«Non l'ha ancora vista, non la vedrà prima del matrimonio. Sei tu la prima donna a entrare qui.»

«È una bella casa, prof, e sarete molto felici qui.»

Lo dice con voce strozzata, mentre le lacrime cominciano a scorrerle sul viso senza che riesca più a trattenerle. Per nasconderle, finge di guardare fuori dalla finestra e scosta la tenda di un bianco immacolato.

«Faydé!»

«Fa un po' freddo stasera, forse è meglio se me ne vado. Ma posso prendere un mototaxi, non c'è bisogno che mi riaccompagni, visto che tu sei già a casa.»

«Io ti amo.»

Faydé sussulta, sono le parole che tanto sperava di sentire. E si gira di scatto. Boukar è in piedi proprio dietro di lei e Faydé sente il cuore sciogliersi. Vedendolo così emozionato, dimentica tutta la propria angoscia.

«Se vuoi andare a casa ora, ti accompagno.»
«Prof...»
«Ma se vuoi rimanere qui stanotte, ne sarò felice.»

Era la prima volta che faceva l'amore, e aveva desiderato con tutte le sue forze che fosse con Boukar. Non è rimasta delusa. Quando finalmente si addormenta accanto a lui, Faydé rimane a lungo sveglia a guardarlo, come per fissare la sua immagine nella mente, per non dimenticare mai le sue mani gentili che hanno esplorato ogni centimetro della sua pelle, le labbra che l'hanno coperta di baci, le braccia che la stringevano forte e il respiro della sua voce mentre le sussurrava all'orecchio: «Ti amo!».

3

Quando si sguazza nella felicità, meglio stare attenti a rimanere dove si tocca!

Faydé nuota nella felicità e non vuole farsi domande. Evita di pensare al futuro. Dimentica tutto per diventare nient'altro che la donna che vuole essere tra le braccia di Boukar, inebriandosi dei suoi baci e dormendo nel suo letto tutte le volte che è possibile. Faydé e Boukar parlano, studiano insieme nell'intimità del suo appartamento, mangiano fissandosi negli occhi, guardano un documentario in televisione, accoccolati insieme sul divano. Alle sue amiche mente, oppure si eclissa senza dare spiegazioni.

La routine della casa, a cui si era ormai abituata, sta cominciando a cambiare. È Diddi a gestire la vita quotidiana della famiglia, con grande dispiacere di Ayya, sempre più arrabbiata e in cerca della minima occasione per litigare con una o l'altra delle mogli. Sia la prima che la seconda moglie la ignorano, facendo finta di non cogliere le sue allusioni. Ayya è furiosa da quando ha capito che suo marito sta per prendere una quarta moglie. Nessuno aveva menzionato l'argomento, e il diretto interessato ne aveva parlato solo con Diddi, che si era limitata ad augurargli buona fortuna. Ha però già chiesto a Faydé di cercare un'altra domestica, in vista dell'imminente aumento della mole di lavoro. Faydé naturalmente ha suggerito la madre di Srafata, che potrebbe iniziare subito, in modo da alleggerirle la fatica.

Alhadji si è lanciato nella costruzione di un nuovo appartamento, grande e proprio accanto al suo, a differenza di quelli delle tre co-spose. Tanto basta a far sì che Ayya sia ancora più inviperita: quella che sta per arrivare si sta già prendendo il ruolo di favorita, è evidente. Quasi divertita, Diddi vede Ayya perdere l'appetito e dimagrire, e man mano che deperisce diventa più rabbiosa con tutti. Non fa che rimproverare i bambini, che ormai la evitano, e la domestica è diventata il suo capro espiatorio, ma Faydé è così felice che non si accorge nemmeno degli insulti con cui Ayya la bersaglia tutto il giorno.

Nenné si sta invece rasserenando. Sorride di più e la gelosia mostrata dalla sua co-sposa diverte anche lei. È contenta della decisione del loro comune marito: Ayya scenderà finalmente dal piedistallo della favorita. Nenné non vede l'ora di assistere alla rivalità tra la terza e l'ultima moglie, e spera che la nuova arrivata sia in grado di farla pagare ad Ayya per tutte le frustrazioni che quest'ultima le ha inflitto nel corso degli anni. Ora intende mettersi tranquilla e godersi insieme a Diddi la guerra imminente, a cui si guarderà bene dal partecipare.

La nuova arrivata sarà chiamata con il nome che indica «la donna che chiude la porta di casa», un riferimento al fatto che un uomo non può avere più di quattro mogli alla volta. È molto più giovane delle altre tre, ha appena l'età di Leïla, ed è la figlia del capo di un villaggio dei dintorni. È una *maïramjo*, una principessa, e anche questo fa infuriare Ayya. Una principessa rimane sempre tale, anche se è la principessa di un piccolo villaggio e il suo titolo, che sottolinea l'orgoglio di possedere sangue reale, non le serve a niente. La principessa si è già affermata come la favorita dell'harem e la cosa è sotto gli occhi di tutti, basta guardare la posizione del suo appartamento.

Faydé chiacchiera con Biri, mentre lo aiuta ad allestire lo spazio per la cena. Lui ha appena steso il grande tappeto, che Faydé ha spazzato, e lei sta sistemando i piatti e le posate. Boukar è ancora lì, perché sta aiutando i suoi cugini a prepararsi per un compito in classe che conterà per i voti del primo trimestre. Niente di insolito: gli capita di rimanere a cena dallo zio, che si offenderebbe se di tanto in tanto non lo facesse.

Mentre Faydé posa i piatti e i bicchieri, Ayya si precipita fuori in cortile, folle di rabbia.

«Faydé, stupida che non sei altro! Hai lasciato bruciare la salsa, ha un odore tremendo.»

«Ma no...» comincia Faydé alzandosi, ma Ayya le assesta un violento ceffone.

La ragazza vacilla sotto il colpo, perde l'equilibrio e cade sui bicchieri, che si frantumano sulle piastrelle. Una scheggia le trapassa una mano. La vista del sangue lascia del tutto indifferente la terza moglie, che si gira e si allontana.

Biri e Boukar accorrono subito. Boukar, scuro in faccia e gli occhi che ardono di collera, esamina in fretta la ferita. Biri cerca di fermare l'emorragia, ma Boukar è risoluto.

«Dobbiamo portarla in clinica, bisogna metterle dei punti. Vado con lei e Hamza. Ripulite subito i pezzi di vetro, prima che si facciano male anche i bambini. Ayya dovrebbe proprio contenersi.»

Faydé si comprime la ferita con alcuni fazzoletti che diventano subito rossi. Alhadji, che è appena entrato nella concessione, scende in fretta dalla sua auto di lusso.

«Che succede, Boukar?»

«È ferita, zio. È abbastanza grave, la portiamo subito alla clinica.»

Durante tutta l'operazione Faydé rimane stoica, si morde giusto le labbra, mentre lacrime di dolore le scorrono sulle guance. Ha un occhio rosso e gonfio, da quanto è stato violento lo schiaffo.

L'infermiera mette i punti di sutura senza anestesia, benda la ferita, le inietta una dose di siero antitetanico e le porge alcune medicine.

Mentre Hamza paga il conto, Boukar sussurra a Faydé: «Sei stata coraggiosa, cuore mio. Mi occuperò io di quella strega, dirò tutto a mio zio. Tu intanto torna a casa e cambiati i vestiti, sei coperta di sangue. Verrò a prenderti più tardi».

Faydé è felice, anche se le fa male la mano.

Quando vede la macchina che l'aspetta nel buio, Faydé si precipita dentro. Una volta a casa di Boukar, mangia in silenzio il pesce alla brace che le ha comprato a Domayo. Si sente a suo agio con lui, e chiude gli occhi mentre sprofonda sul divano. Nonostante gli antidolorifici che ha appena preso, le fa male la mano. Boukar la prende fra le braccia.

«Vedrai, ben presto andrà meglio. Ho detto tutto a mio zio e ti posso assicurare che è furioso. Odia gli scandali e Ayya si pentirà di quel gesto» le assicura Boukar, accarezzandole con delicatezza la guancia arrossata e gonfia. «La tua cena era deliziosa, come al solito, anche se ero troppo sconvolto per godermela. Ti amo. Forza, andiamo a coricarci, hai bisogno di dormire. E io ho bisogno di sapere che tu stai bene e che ti riposi un po'.»

Faydé nuota nella felicità. Si dimentica della realtà e dei vincoli che ne derivano. È felice e si vede.

È civettuola, ride più spesso. È efficiente, lavora senza perdere tempo, poi va ai suoi corsi serali e studia con serietà. Ma soprattutto aspetta con impazienza i momenti in cui può vedere Boukar, accoccolarsi tra le sue braccia e donarsi a lui, senza farsi domande.

«Devo andare a Ngaoundéré. Mio padre mi manda a fare l'inventario del bestiame, come sempre all'inizio della stagione secca. Faydé, ho un'idea, ma prima promettimi che non mi dirai di no» le sussurra Boukar una settimana dopo l'incidente, sorridendo maliziosamente.

«Dimmi pure» risponde Faydé ridendo.

«No, prima prometti. Hai troppo spirito di contraddizione: ogni volta che ti chiedo qualcosa, la tua prima risposta è no.»

Lei scoppia a ridere e promette.

«Vieni con me!»

«Ma ci vedranno insieme. E poi non posso lasciare il lavoro.»

«Puoi dire che sei malata, o che hai avuto un lutto in famiglia. Inventati una scusa, ti sei meritata una vacanza. Questo è il posto più lontano dove sei arrivata, vero?»

«Sì, ma... cosa dirò a mia madre? E alle mie amiche? E le mie lezioni?»

«Gli esami sono finiti, quindi non è un problema se perdi qualche giorno. E la troverai una scusa da dire agli altri. Ho così voglia di fare questo viaggio con te, non ti puoi rifiutare» conclude lui, impedendole di protestare con un bacio.

Faydé è felice. Dall'alba, Boukar guida con calma il pick-up che ha preso in prestito da suo padre per questo lungo viaggio, e che inghiotte i chilometri senza sforzo. Con grande sorpresa di Faydé, il paesaggio cambia. La steppa ricoperta di cespugli che tanto le è familiare svanisce, lasciando il posto alla savana boscosa, con le sue erbe alte e gli alberelli che, all'inizio della stagione secca, cominciano già ad ammantarsi d'oro. Presto appare la terra rossa, dalla quale si distingue in lontananza l'altopiano di Adamaoua.

Si fermano di frequente nei piccoli villaggi che incontrano, per comprare qualcosa da sgranocchiare. Chiacchierano, ascoltano musica o rimangono in silenzio tenendosi per mano. A volte Faydé, che non è abituata a questi lunghi viaggi, si addormenta. Boukar la guarda con tenerezza, fino a quando lei apre gli occhi e gli sorride.

Arrivano in serata a Ngaoundéré, dove Boukar prende una stanza in un hotel. Faydé si fa una lunga doccia e si mette un po' di profumo, prima di raggomitolarsi tra le sue braccia.

«Domani mattina vado in campagna per incontrare i pastori e fare con loro l'inventario. Nel frattempo tu puoi riposare, andare a passeggio e visitare la città. Ma fai attenzione, non lasciarti sedurre dagli uomini di Ngaoundéré. Sono tutti donnaioli, oltre ad avere la lingua lunga» dice lui ridendo. «Ti vorranno sposare tutti!»

«Sei geloso?» risponde lei, maliziosa.

«Certo! Non potrei sopportare di perderti.»

«Nemmeno io lo potrei sopportare» replica Faydé con voce roca. «Ho una domanda da farti, spero che non ti dia fastidio.»

«Faydé, ci possiamo dire tutto, lo sai.»

«Ecco... Hai fatto l'amore con Hapssi?»

«No, non lo faremo prima del matrimonio. Parlo a malapena con Hapssi, non l'ho mai neanche tenuta per mano, non l'ho mai baciata, non c'è alcuna confidenza tra di noi. È così che i nostri genitori ci hanno educato. Sono le nostre tradizioni.»

«Ma tu la ami?» mormora lei.

Faydé è appoggiata a un cuscino, ha indosso solo la biancheria in pizzo. Intorno alla vita, diversi fili di perle fluorescenti che brillano nell'oscurità. Boukar si china verso di lei con espressione seria e la guarda dritto negli occhi.

«Non ho niente contro Hapssi, ma quella che amo sei tu, Faydé, amore mio. Sono fidanzato con Hapssi, la sposerò e basta. È già fin troppo.»

«Ma il matrimonio non dovrebbe essere basato sull'amore, la complicità, l'intimità? Almeno, nei romanzi è così» aggiunge lei.

«Non nella mia famiglia, Faydé, e nemmeno nella tua. Per noi il matrimonio è soprattutto una questione di relazioni, di dignità, di valori familiari e di conservazione di tutti questi princìpi. È l'intesa e l'unione fra due famiglie. L'amore, il sesso e l'intimità verranno dopo il matrimonio o non verranno mai. Non è la cosa più importante.»

Per un momento, in silenzio, Boukar si ferma a contemplare la giovane donna sdraiata accanto a lui.

Hapssi non ha quella pelle liscia, dorata e senza difetti. Non ha quelle forme piene che gli fanno impazzire i sensi, né quel sorriso che annuncia una risata gioiosa. A differenza di Faydé, Hapssi non ama i libri, non ascolta i notiziari e non si informa. Inoltre, Boukar non sa mai a cosa stia pensando, neanche quando si incontrano – sempre in presenza di un accompagnatore, come vuole la tradizione. Hapssi sorride timida e sembra sempre incapace di mettere insieme due frasi compiute, anche quando Boukar insiste. Non ha passioni e non si interessa a nulla, ma è quasi di famiglia: appartiene alla sua stessa etnia, condivide le stesse tradizioni, la stessa religione. Non si può chiedere di più a una moglie.

Boukar accarezza con delicatezza la guancia di Faydé, si china su di lei e le sussurra: «È strano quello che sto per dirti: Hapssi ti somiglia molto, ed è un aspetto che per certi versi mi turba».

«Una volta mi hai chiamata Hapssi. Te lo ricordi? Il giorno della festa. Non sai quanto mi aveva dato fastidio! Quindi somiglio un po' a lei? È per questo che stai con me?»

Bruscamente, Boukar si tira su e beve un sorso

d'acqua dalla bottiglia sul comodino. Poi accende la lampada. Faydé si siede a gambe incrociate sul letto dalle lenzuola immacolate. Lui le accarezza la mano, su cui spicca la cicatrice ancora vermiglia.

«Faydé, fisicamente tu somigli a Hapssi in modo sorprendente, non ho idea in virtù di quale miracolo. Succede, non è così strano. La pelle di Hapssi è molto più chiara, ha la carnagione quasi pallida che hanno a volte i Fulani. Avete gli stessi occhi a mandorla, la stessa bocca carnosa, gli stessi zigomi alti, gli stessi capelli ricci, ma la somiglianza finisce qui. Gli occhi di Hapssi, sempre abbassati, non rifletteranno mai la luce del sole come i tuoi, quando guardi il cielo. Il suo corpo emaciato non sboccerà mai come il tuo. Tu sei un esempio di dinamismo, coraggio e abnegazione, di generosità incarnata fino al sacrificio. Hapssi non sarà mai capace di dare qualcosa agli altri, è una di quelle persone che sanno solo ricevere. Tu sei intelligente, curiosa, in grado di riuscire in qualsiasi cosa tu voglia intraprendere. Hapssi non avrà mai altra ambizione che quella di essere una moglie oziosa e inutile. Faydé, sono tutte queste cose che ho elencato che fanno la differenza tra lei e te e che giustificano il mio amore per te.»

Faydé china la testa senza dire nulla. Boukar conclude, sollevandole il mento con la punta di un dito.

«Hapssi è la mia fidanzata, è quella che devo

sposare per tutta una serie di ragioni, il che mi irrita sempre di più. Ma devo fare il mio dovere di figlio maggiore, anche se sono qui con te, perché tu sei l'unica donna che amo. Niente può cambiare questa cosa, e non ti permetto di dubitarne» dice infine, prima di darle un lungo bacio.

Faydé è felice, anche se il suo cuore si rifiuta di ascoltare la ragione, che le ripete di continuo quella semplice massima: *Quando si sguazza nella felicità, meglio stare attenti a rimanere dove si tocca!*

4

Benché non sia molto in forma, Bintou continua a lavorare senza lamentarsi, ma la padrona ha notato una certa fiacchezza e l'ha rimproverata più volte. Ha anche minacciato di licenziarla, se non si concentra di più sui compiti che ha da svolgere.

Oggi Bintou era così distratta che ha lasciato bruciare la pentola dove cuoceva la carne.

«Stai diventando sempre più disattenta e negligente, Bintou. Comincio ad averne abbastanza di te.»

«Ti chiedo scusa, starò attenta, zia» risponde la ragazza, lo sguardo perso nel vuoto.

«Vai a dare una spazzata veloce alla veranda e cambia la tovaglia. Mio marito mi ha detto che tornerà a casa presto, insieme a un amico. Ci penso io alla cucina, tu brucia un po' di incenso!»

Come un automa, Bintou esegue le incombenze che le vengono richieste. È stanca e agitata – una condizione che non l'abbandona mai. A malapena sente rientrare il padrone, che sta chiacchierando tutto contento. Si affretta a stendere la tovaglia e raccoglie un pezzo di carta accartocciato dal pavimento, proprio mentre i due uomini entrano in salotto.

«Bintou» dice il padrone «portaci del succo di frutta e preparaci del tè, svelta!»

«Bintou?! Cosa ci fai qui?»

Lei stava per uscire dalla stanza, quando ha sentito una voce che conosce fin troppo bene.

«Fa parte della tua famiglia, Bello?» aggiunge Sali, rivolgendosi al padrone di casa con un sorriso. Bintou, senza una parola, si precipita fuori. I suoi timori più cupi si sono appena concretizzati: le sembra di vivere in un terribile incubo.

Per mesi si è scervellata cercando di capire come confessare la verità al suo amante. E ora lui lo ha scoperto nel modo più crudele. Bintou si appoggia a un angolo della veranda attiguo al salotto, con il cuore che le batte forte. È consapevole che a essere in gioco è il suo destino. Come reagirà Sali?

«Conosci questa ragazza, Sali? Dimmi la verità.»

«Non c'è niente di male, Bello, sei mio amico, non ho niente da nasconderti. Voglio sposarla. È una tua parente? Questo rende tutto più facile. È proprio di lei che ti volevo parlare, ma non mi aspettavo di trovarla qui.»

«È questa la ragazza di cui volevi parlarmi? Sali, amico mio, lo so che ti piace divertirti, com'è normale per noi uomini, visto che non possiamo combinare nulla con le nostre fidanzate ufficiali, ma non avrei mai pensato che saresti caduto così in basso. Non sapevo che ti piacesse rotolarti nel fango. Non pensavo che amassi così tanto il sudiciume e la feccia.»

Sudiciume, *feccia*, *fango*. Le parole si incidono nel cuore di Bintou e scavano nella sua anima.

Bello alza la voce, grida, il suo tono passa da incredulo a indignato: «Questa ragazza è la nostra domestica, viene dalle montagne. Una *kaado* che non si è nemmeno convertita all'Islam. Sarebbe questa la donna che vuoi sposare? La futura madre dei tuoi figli?».

«Bello, lei mi ha detto che i suoi genitori erano di Garoua e che abitava a casa di uno zio. La conosco da più di due anni, pensavo fosse una Fulani.»

«Lavora qui da più di tre anni» ribadisce Bello, infastidito. «Queste domestiche sono molto sfacciate, sono mesi che ride di te. Meglio per te se te la scordi all'istante, ed è ora che ti trovi una vera moglie. Cosa ti dicevo quando mi parlavi di questa relazione? Non si sposa la propria amante! Una ragazza di buona famiglia non viene a letto con te prima del matrimonio. Mi deludi davvero. Il mio amico che vuole sposare la mia domestica...»

«Non esagerare, Bello. Non sapevo che fosse una domestica, e per di più una montanara. Io con una *kaado*?»

Senza cercare di sentire il resto, Bintou corre via. Non si prende neanche il disturbo di salutare la padrona – la scoprirà fin troppo presto, la verità.

Quando le sue amiche tornano alla concessione, alla fine della giornata, la trovano nella loro stanza, intenta a mettere via le sue cose.

«Me ne vado» sussurra in lacrime.

«Bintou, cosa ti succede?» chiede Srafata, messa in agitazione da quelle parole. «Bintou, sei qui con noi, siamo le tue sorelle, ma sono mesi che non ti riconosciamo più. Sei cambiata. E adesso dove vuoi andare? Da chi? Tua madre è morta, tuo padre non vive più al villaggio. Su, dicci che cosa ti rattrista così.»

Bintou racconta del suo incontro con Sali, due anni prima. All'inizio voleva solo divertirsi, cercava un passatempo, e insieme anche di guadagnare qualche soldo. Poi la relazione è diventata seria, tra quel ragazzo musulmano e lei è nata un'intesa. Una storia d'amore.

Ma Bintou si è invischiata nelle sue bugie, e ha cominciato a credere nella vita che si era inventata e che le permetteva di evadere dalla tristezza del quotidiano. Vedeva Sali ogni sabato sera, con la scusa che lo zio quel giorno era sempre via, e così poteva passare la notte con lui. Sali era innamorato e la portava nella stanza che occupava a un'estremità della concessione della sua famiglia, facendo in modo che i suoi genitori non la vedessero. L'amore l'aveva resa audace, così Bintou, per reggere il ruolo della ragazza di buona famiglia che si era costruita, a ogni appuntamento rubava un bel *pagne* dall'armadio della padrona, per rimetterlo poi a posto con la massima cura il lunedì. Prendeva spesso in prestito anche le sue borsette, le scarpe e i foulard. Osservava con attenzione i trattamenti di bellezza a cui si dedicava la padrona, una donna elegante, originaria di Kousseri, e li riproduceva utilizzando i suoi cosmetici.

Sali non avrebbe mai potuto immaginare che la sua amante – così profumata ed elegante, e che all'alba, dopo una calda notte romantica, si avvolgeva in un ampio *hijab* per pregare insieme a lui – veniva dalle montagne, era cristiana e per di più faceva la domestica. All'inizio le aveva promesso il matrimonio solo per lusingarla, ma poi si era talmente innamorato da desiderare davvero di condividere la vita con lei. E le sue richieste erano diventate insistenti, e sincere.

A quel punto, come poteva Bintou confessargli che gli aveva raccontato solo bugie? Sali pensava che fosse musulmana, come lui, e lei era pronta a convertirsi per amore, ma lui voleva anche conoscere la sua famiglia – come si poteva fare? Il matrimonio è l'unione di due famiglie e lei non ne aveva neanche mezza da presentargli. Si era così ritrovata prigioniera di un dilemma che la tormentava da mesi.

«Sudiciume, feccia, fango, una *kaado*, ecco cosa dicevano di me» esclama Bintou, tirando su col naso, gli occhi rossi di pianto.

«Siete stati insieme. Ti amava, no? Che cosa cambia? Però non avresti dovuto mentirgli così. Ora è meglio se gli parli, invece di cercare di scappare. E poi, dove vuoi mai andare?» chiede fatalista Srafata.

Alla fine, Bintou è rimasta, perché non ha un altro posto dove andare. Ma non ha cercato di rivedere il suo amato, e neanche lui l'ha più chiamata. Sali non ha avuto difficoltà a cancellarla dalla sua vita. Lei invece non è in grado di cancellare lui perché, persa nei suoi tormenti, si è resa conto troppo tardi di essere incinta. Sono state le sue amiche a farglielo notare.

«Dovresti dirglielo, tu lo sai dove abita. Almeno chiamalo, no?»

«Che senso ha?» sospira Bintou. «Come faccio, dopo quello che è successo?»

«Bintou, hai un bambino nella pancia. È tuo figlio, ma è anche suo. Se lui non ti sostiene, cosa farai, me lo dici? Ti accompagno io, se vuoi» la rassicura Srafata.

Per non coglierlo di sorpresa, Bintou gli ha telefonato, e Sali ha accettato di ricevere le due giovani donne.

Bintou prende posto su una delle sedie, nella stessa stanza dove ha vissuto tanti momenti incantevoli. L'uomo di fronte a lei, che la squadra con aria così ostile, è lo stesso che le sussurrava dolci parole all'orecchio? Quello che le ha promesso tante belle cose? Lei non riesce a trattenere le lacrime, che le scivolano sulle guance.

«Che cosa vuoi da me, Bintou la sguattera? Sei venuta a cercare lavoro? I tuoi genitori a Garoua, e lo zio così severo, tu che non puoi uscire la sera, chissà come ti sei divertita a prendermi in giro!»

«Che differenza fa se tu mi hai amato davvero, Sali? Sono sempre io. I miei genitori non sono a Garoua, mio padre è nato sulle montagne, non sono musulmana ma posso diventarlo domani. Ho mentito, è vero, ma non sapevo che le cose tra di noi sarebbero diventate serie, volevo solo sedurti. Se ti avessi detto la verità, sarebbe stato lo stesso?»

«Certo che no» ribatte con un ghigno malevolo. «Mi ci vedi, a innamorarmi di una serva?»

«Allora sei tu il bugiardo! Sei tu quello che diceva di amarmi, di volermi sposare, che insisteva per incontrare i miei genitori.»

«I tuoi genitori, sì, ma non mi aspettavo certo che fossero degli *haabé*. Dimmi un po', bisogna scalare la montagna per andarli a trovare? Accoglieranno i miei offrendogli del *bilbil*?»

Sali ha pronunciato quest'ultima frase con rabbia. Bintou si raddrizza sulla sedia, altrettanto furiosa. Sì, i suoi genitori saranno anche originari delle montagne e poveri, ma sono persone oneste. Sua madre era così gentile, così devota alla famiglia, e suo padre è rimasto straziato dalla morte della moglie, di colei che considerava il suo pilastro. Che diritto ha di insultarli quest'uomo che lei amava, e di cui porta in grembo il frutto di qualcosa che hanno condiviso?

«Mio padre e mia madre sono poveri, gente semplice, di montagna, *haabé* come dici tu, ma erano sinceri tra di loro. Erano uniti dall'amore, che i tuoi genitori musulmani e fulani non conosceranno mai. Tuo padre è troppo occupato a sposare ogni donna musulmana sfaccendata che gli passa davanti agli occhi, e tua madre...»

Pazzo di rabbia, Sali la schiaffeggia. Bintou si tocca il viso con mano tremante, la guancia in fiamme, lacrime di collera che la accecano. Sali e Bintou si fissano per un lungo istante. Lui trema di rabbia per l'amara verità che lei gli ha appena sbattuto in faccia. Quante volte le ha raccontato, proprio lì, nel tepore dell'intimità, la frustrazione di sua madre per le infedeltà di un marito troppo rispettato per essere messo in discussione?

«Andiamo via, Srafata» dice Bintou.

«Bintou...» l'amica esita. «Dovresti dirgli...»

«No» taglia corto la giovane donna. «Non ho più niente da dirgli. Andiamocene.»

«Spero più di ogni altra cosa di non rivederti mai più, sguattera. Tanto da qui me ne vado presto, sto per sposarmi con una ragazza che appartiene al mio mondo.»

«Hai ragione. Chi si somiglia si piglia.»

Bintou esce dalla stanza a testa alta, determinata. Durante tutto il tragitto non dice una parola a Srafata, che rompe infine il silenzio solo nel momento in cui entrano nella loro stanza.

«Eravamo andate a dirgli...»

«Non è più necessario.»

«Il problema non è sparito.»

«Lo sarà presto.»

«Bintou» interviene Faydé, che le stava aspettando. «So a che cosa pensi, ma non cercare di abortire. Sai bene quanto può essere pericoloso.»

«Ma chi ti dice che voglio abortire?»

«Bintou, domani torno da lui e glielo dico io» dichiara Srafata. «Stasera eravate tutti e due troppo sconvolti.»

«Promettimi che non lo farai, qualunque cosa accada. E non preoccupatevi per me, sto bene, sul serio. Mi sento sollevata dopo aver parlato con lui.»

«Davvero?» esita Srafata, scettica.

«Lo vedrai. Ho solo un problema: devo trovare in fretta un nuovo posto. Aiutami, ho bisogno di una buona casa» aggiunge con un sorriso, con grande sollievo delle sue amiche.

Per diversi giorni, Bintou sta al gioco. Ostenta un'aria tranquilla e un buon umore che da mesi sembrava non conoscere più. Fa il bucato e va a riprendere dalla moglie di Ibrahima lo scatolone in cui conserva tutto il corredo che ha accumulato nel corso degli anni. «È troppo ingombrante da tenere nella nostra stanzetta» si lamenta Srafata, guardando il cartone. Ma Bintou le sorride e le promette che è questione di pochi giorni.

«Ci sono un sacco di cose dentro» aggiunge. «Stavo mettendo insieme il corredo per il matrimonio con Sali. Ora non ne ho più bisogno.»

«Incontrerai qualcun altro, e lo amerai anche di più.»

«Ma il corredo dovete prenderlo voi, fate a metà, io non voglio tenere niente. A proposito, Srafata, vai al mercato oggi?»

«Sì, certo, verso le dieci.»

«Vengo anch'io» esclama Faydé. «Nenné ha detto che aveva bisogno di mandarmi a comprare qualcosa. Ci andiamo insieme, Srafata.»

«Allora passate a prendermi, prima di avviarvi» conclude Bintou.

Tre ore dopo, come d'accordo, Srafata e Faydé tornano e trovano Bintou nella stanza, con la schiuma alla bocca e un sacchetto stretto tra le dita contratte. Ha gli occhi pieni di lacrime, e si contorce dal dolore.

«Bintou» urla Srafata. «Cosa ti succede? Hai cercato di abortire? Dimmelo! Faydé, chiama subito Ibrahima. L'ho visto che vendeva la frutta all'incrocio. Sbrigati, dobbiamo portarla all'ospedale.»

«Non ne vale la pena. No, non ho cercato di abortire. Perché avrei dovuto uccidere questo bambino che volevo tanto stringere tra le braccia? Ho sognato così tanto di averlo... Ho preso del veleno, quello che serve ad ammazzare i topi. Non ho più voglia di vivere.»

Pazza di dolore, Srafata piange e culla l'amica tra le braccia, aspettando Faydé che tarda a tornare.

«Come hai potuto farlo, Bintou? Per un uomo? Come puoi farmi questo?»

«Non ho più voglia di essere una serva» mormora, la voce quasi impercettibile. «Né una *kaado*, la feccia... Il suo disprezzo per me... Morirò nel sudiciume, come un topo...»

5

Bintou è morta.

No, non è solo morta: si è suicidata, e non è la stessa cosa. Per amore, Bintou ha rifiutato la vita e compiuto l'estremo sacrificio. Ha osato commettere il più blasfemo degli atti, quello che la mette al bando dalla sua stessa tribù, anche al di là della morte stessa. Bintou non avrà diritto a una degna cerimonia di addio, e anche la sua memoria verrà cancellata. Secondo la tradizione, il suo nome non sarà mai più pronunciato. I suoi stessi antenati non la riconosceranno e la sua anima vagherà per l'eternità.

Bintou ha commesso un grave errore. L'essersi innamorata di uno straniero le sarebbe stato perdonato. Non le avrebbero rinfacciato la gravidanza, pur essendo frutto di un amore illecito. Il fatto che abbandonasse le tradizioni e abbracciasse un'altra religione sarebbe stato accettato. Tutto le sarebbe stato perdonato, tranne quello che ha fatto.

Né Faydé né Srafata riescono a nascondere la

tristezza che le opprime. Bintou – come si fa a dimenticarla, così piena di vita, così bella, con il sorriso sempre pronto? Non ci possono credere che si sia suicidata, proprio lei, che per prima aveva messo in guardia Faydé contro il disprezzo degli altri. Bintou si è suicidata per amore e per disperazione, anche se poi che importanza ha il perché? Ha sbagliato, lasciando le sue amiche sconvolte da un dolore senza precedenti.

Faydé non riesce più a lavorare, e finisce che spesso si fa rimproverare dalle padrone, che non sopportano più la sua apatia. Anche Biri ha avuto da ridire. Deve rimettersi in sesto, deve tornare alla sua consueta efficienza, non ha alternative. O meglio, un'alternativa ce l'ha, ed è l'unica: mollare tutto e sposarsi.

Sposarsi!

Faydé lo vorrebbe eccome, ma l'uomo che ama sta facendo i preparativi per il matrimonio con un'altra. Le sembra di rivivere quello che ha passato Bintou, la stessa frustrazione, il dolore, la disperazione. Lo capisce più che mai, quanto deve aver sofferto la sua amica.

Dal giorno della tragedia non ha più visto Boukar. Si è accontentata di mandargli un lungo messaggio, usando il cellulare che lui le aveva regalato durante il viaggio a Ngaoundéré.

Faydé lavora a testa bassa, aggrappandosi disperatamente al pensiero della scuola. Solo gli studi possono salvarla, lo sa bene, sua madre glielo ha detto tante volte, e anche lei adesso ne è acutamente consapevole. Deve continuare a dispetto di tutto, nonostante la difficoltà di ottenere quel lasciapassare che le permetterà forse di cambiare vita.

Dicembre sta per finire. L'harmattan, il vento che di solito soffia durante la *dabbounde*, la stagione fredda, tarda ad arrivare. Quindi fa più caldo di quanto dovrebbe, ed è una iattura per la coltura del miglio, che marcisce sul terreno a causa delle temperature troppo alte. Anche quest'anno la stagione delle piogge è stata pessima, catastrofica addirittura, e si prevede già una crisi alimentare. Il prezzo di tutte le merci è alle stelle, mentre la regione sprofonda sempre più nell'incertezza, nella disoccupazione e nella povertà. I ricchi commercianti non sono più veramente tali, da quando le frontiere con il Ciad e la Nigeria sono chiuse. Il mercato centrale è vuoto e desolato. Non si fanno più affari e molti negozianti sono ormai in bancarotta. I camion, che di solito entrano ed escono dalla città carichi di merci – per dirigersi verso le frontiere dei tre paesi della regione, Ciad, Nigeria e Repubblica Centrafricana – sono fermi.

I padroni non possono più pagarle, e così le domestiche perdono il lavoro. E le ragazze si rendono ben presto conto che invece dei servizi possono vendere i loro corpi. La prostituzione è forse l'unico settore ancora prospero, e il numero di donne che vi si dedicano aumenta di giorno in giorno. Il prezzo di una marchetta si abbassa a livelli irrisori, e per sopravvivere bisogna moltiplicarne la frequenza. Le donne devono sopportare aggressioni brutali da parte degli uomini, percosse, insulti, e anche accettare senza lamentarsi che il partner occasionale si sfili il preservativo, se lo desidera. A volte devono rassegnarsi anche a non essere pagate, perché chi ha già consumato è sempre il più forte. Molti clienti sono militari smobilitati, aggregati a un'unità speciale la cui missione è combattere il terrorismo. Se la spassano tra le braccia di prostitute sempre più giovani: alcune, a soli dodici o tredici anni, hanno già imparato il mestiere più antico del mondo. Alle ragazze arrivate dai villaggi di montagna si sono aggiunte le studentesse della nuova università locale. Queste ultime, essendo istruite, si fanno pagare di più.

Dicembre vuol dire le vacanze di Natale, ma quest'anno Faydé sa che non ci saranno festeggiamenti né celebrazioni. Cosa c'è da festeggiare, quando la più bella, la più allegra di tutte loro giace nel cimitero cristiano, dietro la chiesa, in una fossa senza nemmeno la bara? Il villaggio non esiste più e Boko Haram continua a seminare lutti, chi potrà mai rallegrarsi? Anche le scuole dei villaggi intorno sono tutte chiuse, e il numero di giovani inattivi aumenta. Ormai dicono che far parte della setta terroristica è un lavoro come un altro, e sempre più giovani vi aderiscono. Non per convinzione, ma perché hanno bisogno di un lavoro. E Boko Haram paga bene.

Faydé è la prima della sua classe, ed è stata selezionata tra le migliori per partecipare al difficile esame per ottenere l'attestato di ammissione all'ultimo anno delle superiori, ma la bella notizia la lascia indifferente.

L'auto di Boukar è parcheggiata davanti alla scuola e lei ci sale rapidamente. Boukar parte a razzo in direzione di Domayo e, mentre guida, le prende la mano.

«Mi dispiace per la tua amica, Faydé, ma bisogna guardare avanti. Vi hanno dato le pagelle? I tuoi voti sono buoni?»

«Sì, vanno bene.»

Cala un pesante silenzio. È la prima volta che non riescono a parlarsi. La storia di Bintou li riguarda entrambi, e ne sono entrambi consapevoli, che gli piaccia o meno. Non si trovano forse nella stessa identica situazione? L'unica differenza è che tra di loro non ci sono bugie: Boukar sa che Faydé è una ragazza di montagna, una domestica, una cristiana. Faydé sa che lui è fidanzato con Hapssi e che la sposerà, anche se dice di amare lei, anche se si desiderano e si prendono con grande trasporto, quasi con disperazione, nella nuova casa dove Hapssi verrà presto a vivere.

Boukar si ferma davanti a quello che sembra un edificio scolastico e Faydé, che non ha fatto attenzione alla strada, gli chiede sorpresa: «Non lo conosco questo posto. È una scuola?».

«Sì, questo è il campus dell'Università di Maroua, quello che ospita le facoltà di arti, lettere e scienze umane.»

Lui scende dall'auto e la invita a seguirlo. È un posto tranquillo, giovani che passeggiano, altri seduti sotto i grandi alberi di mango a chiacchierare. Mentre camminano Boukar la prende per mano, senza badare agli sguardi altrui.

«Mi è caro questo posto, quando ero ragazzo si chiamava la "Scuola della speranza" ed era qui che veniva la maggior parte dei bambini di buona famiglia. Dopo le elementari anch'io ho studiato qui. Vedi l'edificio sulla destra? Lì c'era la scuola media. In quello a sinistra invece c'erano le superiori. Lì, sotto gli alberi, c'era la mensa. C'erano dei venditori che esponevano le loro mercanzie e noi correvamo a farci un giro durante la ricreazione. C'era una vecchia signora che mi voleva bene e mi regalava sempre una manciata di noccioline, oltre al resto. Chissà che fine ha fatto...»

«Bei tempi...»

«I migliori, che epoca spensierata! Purtroppo te ne rendi conto solo quando ormai è finita. Là in fondo, quegli edifici abbandonati ospitavano il convitto dei ragazzi. Quando frequentavo le scuole medie il preside, che era anche il sindaco della città, tormentava i ragazzi che passavano troppo tempo a parlare con le ragazze. A tutti è capitato di prendersi una bastonata, una volta o l'altra» ridacchia. «Vedi là dietro, in fondo? C'è una tomba.»

«Una tomba? La tomba di chi?»

«Non si sa, noi ci andavamo a chiacchierare, ci sedevamo sopra. Se la persona sepolta lì ci poteva sentire, di sicuro non si annoiava. Questo era il campo sportivo. Giocavamo a calcio e le ragazze, il venerdì sera, ci preparavano uno spuntino, un'insalata di manghi verdi molto piccanti, a condizione che ci arrampicassimo sugli alberi per raccoglierli, ovviamente. E là c'era il piccolo *mayo* dove cercavamo di rimorchiare le nostre compagne, al riparo da sguardi indiscreti» aggiunge con un sorriso.

Faydé scoppia a ridere, ma Boukar ridiventa serio e le prende le mani tra le sue, sussurrando: «La data del matrimonio è stata fissata... è tra due settimane».

Lei ritira di scatto le mani.

Sapeva che sarebbe successo, ma non piange. Lo ha già fatto Bintou, ha già pianto anche per lei. No, lei saprà resistere al dolore.

«Faydé, non dici niente?» chiede Boukar a mezza voce.

«Non ho niente da dire.»

«Faydé, io amo te e tu lo sai. Ma la tradizione non mi permette di annullare il matrimonio, vorrebbe dire umiliare mio padre. È una questione di famiglia, di amicizie di lunga data.»

«Non ho bisogno delle tue spiegazioni, Boukar.»

È la prima volta che lo chiama per nome e non abbassa gli occhi. Anche lei ha una famiglia, anche lei ha delle tradizioni. E anche se loro sono solo degli *haabé*, come li chiamano, la sua etnia ha un nome, un orgoglio e valori altrettanto puri e importanti di quelli dei Fulani. E soprattutto anche lei ha un cuore!

«Faydé, ti amo e troverò un modo per stare con te. Forse prendendoti in seguito come seconda moglie. Non lo so, devo pensarci, ma continueremo a vederci e ad amarci.»

Faydé si è voltata, come per andarsene. Lui le afferra una mano e la costringe a fermarsi.

«Cosa vuoi che faccia, Faydé?»

«E tu cosa vuoi che faccia io, Boukar? Di sicuro, non mi ammazzo come Bintou.»

«Non sono un bastardo come Sali» replica lui offeso.

Lei lo guarda per un momento, prima di scoppiare in una risata priva di allegria.

«Certo, tu sei così diverso da lui! Non è la stessa storia, vero?»

«No, certo che no.»

«Invece siete proprio uguali, tutti!» esclama con disprezzo la ragazza. «Sposati Hapssi, appartiene alla tua stessa comunità e avete la stessa religione. È lei quella giusta per te. Io sono solo una *kaado*, nient'altro che la domestica della vostra famiglia.»

«Sei ingiusta, Faydé.»

«E tu invece sei giusto, Boukar.»

Boukar china la testa senza rispondere, mentre Faydé si allontana. La morte di Bintou è stata l'ultima goccia che ha fatto traboccare il vaso. Faydé ha preso ormai coscienza della sua condizione sociale e non se ne vergogna più, a differenza della sua amica. Non piangerà, anche se il suo cuore è spezzato. Non griderà, anche se muore dalla voglia di urlare dalla rabbia.

«Ti amo, Faydé, anche se non mi credi.»

«Il tuo amore non riesce a superare il tuo egoismo, la tua mentalità tribale. Non sei neanche capace di essere sincero con te stesso.»

«Io egoista? E anche tribale, per giunta? Se lo fossi, non starei con te.»

«Perché, noi stiamo insieme Boukar?»

«Ci siamo amati, non è qualcosa che puoi cancellare.»

«Ma ai tuoi occhi rimango una *kaado*, una cristiana, una domestica» dice lei, fermando un mototaxi.

Senza più degnarlo di uno sguardo, Faydé sale a bordo e scompare in una nuvola di polvere.

Nella stanza che ora condivide solo con Srafata, Faydé si confida con voce tranquilla, sotto lo sguardo stupito dell'amica, seduta sul materasso e impegnata a sciogliersi le trecce.

«Ho una relazione con Boukar, ma tra poco lui sposerà Hapssi. Non preoccuparti, non sono Bintou, non mi ucciderò per lui. Non mi lascerò distruggere dall'amore e dalla disperazione. Sono triste, certo, non ti voglio mentire, ma non mi pento di averlo amato e di aver condiviso questo amore con lui. Ma stasera l'ho lasciato. E non voglio più parlarne.»

All'inizio, Srafata non dice nulla, continuando a pettinarsi i capelli, poi comincia a parlare a sua volta.

«Il mio nuovo ragazzo mi ha lasciata. Tra noi non funzionava proprio, anche se lui mi piaceva. Era geloso e anche violento, quindi meglio così. Ma sono tre mesi che non prendo un soldo di salario, la famiglia dove lavoro è in difficoltà, gli affari non girano più. Non ce la faccio più a mantenere mia madre, che è sempre più depressa e non riesce ad accettare la scomparsa di mia cugina. Sono stanca, stufa e mi prostituisco.»

Le due ragazze si guardano, sollevate dopo queste reciproche confidenze. Ognuna è riuscita a parlare dei suoi segreti, e sa che l'amica che ha di fronte non la giudicherà. La morte di Bintou ha insegnato loro che ci si può liberare anche dei pesi più insopportabili, condividendo dolori e dubbi. Se Bintou avesse parlato, forse sarebbe ancora lì con loro. Ma il tempo dei rimpianti è finito, bisogna andare avanti e sopravvivere, malgrado tutto.

6

«Ti devo parlare. Adesso.»

«Non ho niente da dirti.»

«Ma io sì, tu mi devi solo ascoltare» esclama Boukar, afferrandole una mano.

È ancora presto. Faydé si stava preparando per andare al lavoro, quando Boukar è piombato a sorpresa nell'alloggio della servitù. Ha il volto tirato e indossa gli stessi vestiti del giorno prima, quando lei lo ha mollato su due piedi in mezzo al campus. Ha passato la serata a cercare di chiamarla e lei alla fine, esasperata, ha spento il cellulare.

Srafata, che a sua volta sta uscendo dalla stanza, si rivolge a Faydé: «Se vuoi che nel quartiere non si parli d'altro che di te, be', non hai che da continuare a startene lì impalata».

«Devo andare a lavorare, ci vediamo stasera» dice Faydé.

«No, devo parlarti subito, non posso aspettare stasera» ribatte Boukar.

«Vai con lui, Faydé» interviene Srafata. «Andrò

io al lavoro al posto tuo, e mi inventerò una scusa finché non arrivi.»

A malincuore, Faydé segue Boukar.

Lui ha un'espressione impenetrabile in volto, che lei non gli ha mai visto prima. E Faydé non ha alcuna voglia di affrontare una nuova discussione, perché sa perfettamente che non c'è via d'uscita. Niente può cambiare le cose, niente che lui possa dirle.

Boukar ha parcheggiato l'auto davanti a casa, cosa che non fa mai.

Nel quartiere c'è già animazione, potrebbero vederlo con una serva, ma lui non sembra volersi nascondere. Apre la portiera, la fa salire e riparte in tromba.

Boukar guida veloce, arrivando in fretta davanti a casa sua. Suona nervosamente il clacson. Un guardiano si precipita ad aprire il cancello.

Entrando nella stanza in cui ha passato tanti momenti meravigliosi, Faydé deve da subito combattere contro le lacrime: ben presto questa diventerà la casa di Hapssi. Ma lei non piangerà, l'ha promesso a se stessa e a Bintou. Si siede tranquilla sul divano, decisa a non lasciarsi convincere.

«Non ho dormito tutta la notte. Ti ho chiamata e non hai risposto» attacca furioso Boukar. «A che gioco stai giocando, Faydé? Ti ho lasciato dei messaggi, ma tu li hai ignorati.»

«Non ho più niente da dirti. Il discorso è chiuso.»

«Ti amo e lo sai» dice Boukar, lasciandosi cadere su una sedia. «Capisco che tu sia triste, ma lo sapevi che dovevo sposare Hapssi.»

«Ti impedisco forse di sposarla?»

«Allora perché hai fatto quella scenata, ieri? Il mio matrimonio non cambierà nulla nel nostro rapporto» aggiunge, in tono più caldo.

Faydé abbozza un sorriso amaro. Si aspettava di tutto, ma non la proposta che lui le sta facendo e che la rende ancora più furiosa.

«Boukar, mi stai dicendo che stai per sposarti ma speri che io continui a essere la tua amante? È questa la tua idea di matrimonio?»

«No. Mi sposerò, ma è te che amo e lo troverò un modo per stare con te, e magari in seguito anche di sposarti. I motivi del mio matrimonio con Hapssi li conosci.»

«Non ho alcuna voglia di sposarti dopo di lei, e tanto meno di dividerti con lei.»

«Non ho chiuso occhio tutta la notte, dopo che mi hai paragonato a Sali. Mi hai accusato di vergognarmi di te, ma non è vero e non sopporto che tu lo dica» continua lui, ignorando l'ultima osservazione di Faydé.

Lui si alza e si volta. Vedendo la leggera contrazione delle sue spalle, Faydé capisce che sta piangendo. Non si muove, si morde le labbra per far sì che non tremino. Passano diversi minuti, prima che gli risponda con voce che gronda tristezza: «Non ho bisogno delle tue scuse, e la tua proposta non mi interessa. Se sposerai Hapssi, dovrai dimenticarti di me».

«Se mi amassi davvero non diresti così. Sto cercando una soluzione. Cosa vuoi che faccia, Faydé?»

«Voglio solo che mi lasci in pace. Io non vado bene per te, non sono Hapssi!»

«Non mi vergogno di te, Faydé. Sei tu che ti senti inferiore e ti vergogni di quello che sei» ribadisce Boukar, aggiungendo poi in tono più dolce: «Non so cosa fare, tesoro, credimi, ma ti amo e non ti permetto di dubitarne».

Si siede accanto a lei. Un silenzio pesante invade il soggiorno. Entrambi sono persi nei loro pensieri. Boukar, senza una parola, si avvicina e la abbraccia. In silenzio, Faydé appoggia la testa nell'incavo della sua spalla, un gesto ormai familiare.

Il guardiano bussa alla porta per servire la colazione.

Verso la fine della mattinata, Boukar riceve una telefonata. Faydé capisce dal tono calmo e rispettoso che sta parlando con il padre. Il figlio conclude la telefonata dicendo che arriva subito e si alza, sfiorandole la guancia con una carezza.

Boukar fa una doccia, indossa un *boubou* bianco e si copre la testa con un fez dello stesso colore. Il profumo di fresco riempie la stanza, ma la ragazza non accenna a muoversi.

Boukar torna a sedersi accanto a lei.

«Mio padre vuole parlarmi con urgenza, deve essere una cosa seria perché mi è parso preoccupato. Devo andare, mi aspetta nel suo ufficio. Tu rimani qui fino al mio ritorno?»

«No, devo andare anch'io.»

«Ci vediamo stasera?»

«No.»

Lui apre la bocca come per aggiungere qualcosa, ma ci rinuncia davanti all'espressione dura di Faydé. Prova a offrirsi di riaccompagnarla a casa.

«Vado da mia madre» risponde Faydé. «Non è lontano, prendo un mototaxi.»

«Come vuoi. Ne riparleremo quando sarai più calma. Troveremo insieme la soluzione migliore, te lo prometto.»

Faydé sente l'improvviso ed enorme bisogno di vedere sua madre e di confidarsi con lei, di liberarsi di questo eccesso di emozioni e sofferenza che le stringe il cuore. Senza dire altro, guarda la macchina allontanarsi.

Quando arriva alla collinetta dove sua madre sta spaccando le pietre, Faydé rimane a lungo a fissarla. Che modello di coraggio e di abnegazione! Seduta a terra, avvolta nel suo vecchio *pagne*, Kondem sferra martellate sulle pietre riducendole in ghiaia, che poi raccoglie in piccoli mucchi. Diverse altre donne stanno facendo lo stesso lavoro, e intanto si scambiano battute allegre. A vederle chiacchierare così animatamente non ci si immagina quanto siano stanche, quanto siano rovinate le loro mani. I bambini giocano tutt'intorno in una gioiosa cacofonia e si rincorrono a piedi nudi, indifferenti alla paura di farsi male sulle pietre taglienti. Uno scenario grigio di polvere, in cui il *pagne* pulito, i capelli ben intrecciati e i sandali di Faydé spiccano oltre misura.

Quando sua madre la vede, si ferma e posa il martello a terra.

«Faydé? Va tutto bene?»

«Sì, Dada, va tutto bene. Sono solo venuta a trovarti» risponde la figlia con voce dolce.

«Guardatela, questa è mia figlia Faydé, di cui vi parlo spesso» esclama la madre. «Andiamo a casa un attimo. Voi ragazzi rimanete qui e badate alla vostra sorellina. Torno subito» aggiunge Kondem, rivolgendosi con fermezza ai bambini che vorrebbero seguirle.

La piccola si avvicina a Faydé, afferrandole un lembo del *pagne*. Quando lei si china, chiede con voce timida: «Oggi non mi hai portato dolci, Faydé?».

«Ecco, tieni» risponde la ragazza, pescando alcune monete dalla borsa. «Vai a comprarne un po' con i tuoi fratelli.»

Nella stanza dove sua madre la precede, parlando del più e del meno, Faydé si siede sulla stuoia e abbassa la testa, fingendo di seguire con la punta delle dita le linee disegnate dai giunchi intrecciati. Kondem, che la osserva dal momento in cui è arrivata, intuisce che qualcosa non va. Preoccupata, le chiede: «Faydé, dimmi cosa succede. È da un po' che mi sono accorta che sei cambiata. Hai perso il lavoro?».

«No, lavoro sempre nello stesso posto.»

«Cosa c'è che non va, allora?»

«Se te lo dico ne sarai delusa, e forse anche arrabbiata con me.»

«Dovresti dirmelo comunque» dice Kondem, il cuore che le batte forte. Anche lei non si era forse rifugiata da sua madre per confessare il suo segreto, molto tempo prima?

«Sei incinta!» esclama, quando il silenzio si trascina.

«Non sono incinta» dichiara Faydé, alzando la testa.

Kondem fa un sospiro di sollievo, nonostante il cuore pesante. Ma Faydé continua: «Non sono incinta, ma amo una persona. Un ragazzo di città, un musulmano, un Fulani. Lo amo e basta».

«E lui ti ama?»

«Sì, dice di amarmi.»

«Se è così...»

«Ma sta per sposare un'altra ragazza. La ragazza che suo padre ha scelto per lui, per via di tutta una serie di complicati legami familiari. Una ragazza della sua stessa classe sociale.»

«Capisco il tuo dolore, Faydé. Ma cos'altro ti aspettavi?»

La madre non le ha chiesto nulla, e Faydé non le ha confessato che l'amore con Boukar è stato consumato. Ha pianto a lungo, Faydé, mentre Kondem si accontentava di ripeterle che sarebbe passato tutto. È solo la prima sofferenza d'amore, e probabilmente non sarà l'ultima.

7

Faydé è tornata al lavoro con il cuore pesante. Non ci ha messo molto a rendersi conto degli sguardi insistenti che la seguivano ovunque, della gente che bisbigliava al suo passaggio, guardandola fissa. Tutta presa dal suo dolore, non si è fatta domande. Si è dedicata a svolgere i suoi compiti in silenzio, per poi tornarsene nella sua stanza non appena ha finito.

Alla concessione regna un'atmosfera piuttosto tetra.

Nenné è rientrata per qualche giorno al suo villaggio, come fa spesso. Ayya è ancora furiosa per l'imminente arrivo della nuova co-sposa, il cui appartamento è ormai pronto. In previsione del matrimonio sono già arrivati diversi membri della famiglia, e la maggior parte delle donne si è sistemata nell'appartamento di Nenné.

Diddi appare sempre più inquieta, e Faydé capisce che non è l'imminente matrimonio di suo marito a preoccuparla, bensì quello di Hapssi. Tant'è che la ragazza è venuta a trovare la zia e si è chiusa in camera con lei. Quando è uscita, Faydé ha notato i suoi occhi arrossati e gonfi. Hapssi ha pianto, e Faydé si sente quasi in colpa.

Come al solito, dopo aver finito di cucinare, Faydé va a sedersi in cortile, sul bordo dell'aiuola. Biri innaffia le piante. Negli ultimi tempi è avaro di sorrisi, e infatti non sorride mentre sussurra: «È vero quello che dicono?».

«Cosa dicono?»

«Che hai una relazione con il prof.»

Senza darle il tempo di rispondere, Biri prosegue: «I suoi genitori lo sanno. Tutta la città ne parla. In questa casa sanno solo che ha una relazione con una domestica, non sanno che sei tu. Ma io non sono stupido, è un bel po' di tempo che vi osservo. Ho capito subito che eri tu. Sei per caso impazzita, Faydé?».

«Guarda che non è come pensi.»

«Lo sai, vero, che Diddi è la zia della ragazza? Lo sai che Boukar fa parte di questa famiglia?»

«Sì» sussurra a sua volta Faydé. «Ora capisco perché stava piangendo, prima, nella stanza di sua zia. Oh mio Dio, Biri! Cosa devo fare?»

«Avresti dovuto pensarci prima. Adesso è meglio se smetti di lavorare qui e sparisci.»

«Mancano pochi giorni alla fine del mese, ho bisogno della paga. Cosa faccio, senza un soldo?»

«Avresti dovuto pensarci prima di cacciarti in questa situazione» la interrompe bruscamente Biri. «Io ti avevo avvertita.»

Faydé non vede Boukar da diversi giorni e si è detta che sarà stato preso dai preparativi per il matrimonio. Capisce che Alhadji Bakary ha saputo della relazione di Boukar con una domestica, ed è pronto ad annullare il matrimonio perché non vuole più dargli sua figlia. Probabile che fosse questo il motivo della telefonata del padre di Boukar, la mattina in cui erano insieme, e del tono serio che il figlio aveva assunto subito dopo.

«Ma come l'hanno scoperto?» chiede sottovoce, prima che Biri le risponda furioso: «Ma sei davvero così stupida, Faydé? Si viene a sapere tutto in questa città, figuriamoci una relazione del genere. Sei salita in macchina con lui, è venuto a prenderti a scuola più di una volta e sei anche andata a casa sua. La casa costruita per lui e sua moglie, Faydé! La gente che ha bisogno di sapere le cose riesce sempre a sapere tutto. E un'informazione del genere, per i tanti cortigiani che frequentano la casa di Alhadji Bakary, è un modo per racimolare qualche soldo. Grazie a te, adesso, siamo tutti nel mirino di un uomo fin troppo ricco e potente. E se il matrimonio verrà annullato per causa tua, non illuderti di farla franca. Se c'è una cosa che questa gente non sopporta è il disonore. Sapevi benissimo che Boukar era fidanzato con la nipote di Diddi, vivi in questa casa e non ti sei nemmeno preoccupata di nasconderti. Diddi conosce tutta la storia a grandi linee, ma non ha ancora fatto il collegamento con te. Solo perché non le è venuto in mente. È sempre stata buona con noi e tu l'hai tradita».

«Non ho tradito nessuno. Io lo amo, non è stato solo un passatempo.»

«Ah, quindi lo ami?» risponde Biri, con un risolino sarcastico. «Bene, perché sarai tu a pagare il prezzo di questo amore.»

«Non si parla d'altro, Faydé» aggiunge Srafata, che si è avvicinata senza che loro se ne accorgessero. «Ibrahima ti aspetta subito a casa. È fuori di sé dalla rabbia. Vado a chiamare le nostre due madri, non si sa mai... loro forse saranno capaci di calmarlo.»

«Ecco, parlavamo appunto del prezzo da pagare» sottolinea Biri con amarezza.

Quando entra insieme a Biri nella concessione dove vive da tre anni, Faydé trova Ibrahima che freme di collera.

«Come hai potuto farlo, Faydé? Lo sai a chi appartiene questa casa? Hai tradito tutti. Non so come faccio a trattenermi... Alhadji Bakary vuole vederti subito!»

«Perché?» risponde Faydé con voce impaurita. «La relazione con Boukar è finita. Non c'è più niente, sta per sposare Hapssi.»

«Certo che sposerà Hapssi! Ma per colpa tua noi finiremo tutti in strada. Ti immagini le conseguenze per me se scoprono che ti ho ospitato e che tutta la storia è successa qui, in questa casa?

Andremo a trovarli e tu dirai che non c'è più niente tra di voi. Inventati la scusa che vuoi, ma chiedi a tutti loro di perdonarti. Non ho altro da dire, Faydé, se non *sbrigati*! Vacci subito! Poi lascerai questa casa, sperando che la storia finisca qui.»

«Vado con lei» dice Kondem.

«E perché?» Ibrahima ha gli occhi accesi dalla collera. «Lui vuole vedere Faydé, non i suoi genitori.»

«È mia figlia, mi scuserò per lei e cercherò di calmare le acque. E naturalmente» aggiunge la madre, in tono pacato, «Faydé poi lascerà la casa e il suo lavoro.»

«Voialtre, cominciate a fare i bagagli» ordina Ibrahima, rivolgendosi a Srafata. «Conosco Alhadji Bakary, è un uomo superbo e dominato dall'orgoglio, e soprattutto è uno che serba rancore. Ci vorrebbe un miracolo, perché ci lasciasse continuare a stare qui, nella sua casa.»

Il cuore di Faydé batte all'impazzata, anche se la presenza di sua madre la conforta un po'. Aspettano in piedi davanti alla veranda, mentre Ibrahima entra nel grande appartamento su due piani di Alhadji Bakary. Si sentono delle voci e Faydé stringe più forte la mano della madre, che stranamente appare invece calma e imperturbabile.

Ibrahima ha la faccia ancora più scura quando le fa entrare, qualche istante dopo. Due uomini di una certa età sono seduti sugli ampi divani in pelle. C'è anche Boukar, in un angolo, a testa bassa, sul volto un'espressione indecifrabile. Vedendolo, il cuore di Faydé si scioglie. Gli uomini le guardano con disprezzo, mentre Ibrahima, per dare il La, si siede sul pavimento di piastrelle e comincia subito a scusarsi per il malinteso.

Con grande sorpresa di Faydé, dalla porta posteriore nascosta dietro i pesanti tendaggi entra anche Diddi, seguita da Hapssi. Scorgendo Faydé le due donne si bloccano stupite per un attimo, poi vanno a sedersi sulle sedie più lontane, senza più guardarla. Il viso di Hapssi è impenetrabile, gli occhi le brillano di rabbia.

«Così questa è la giovane domestica con cui te la stai spassando, Boukar? Ti ho dato mia figlia perché fra tuo padre e me esiste un rapporto di fiducia e di amicizia di lunga data, che risale a ben prima che tu nascessi. E c'è anche un legame tra le famiglie, visto che tuo zio è sposato con mia sorella Diddi. Se non volevi Hapssi, non dovevi fare altro che dircelo. Hapssi non è merce avariata, e non le mancano certo i pretendenti.»

Boukar è silenzioso, la testa sempre china, ma dal modo in cui stringe i pugni si intuisce che è in preda a una collera violenta, difficile da dominare, anche se fin da piccolo ha dovuto imparare l'autocontrollo, regola fondamentale della buona educazione. Qualunque sia il giudizio di quel tribunale improvvisato lo accetterà, e non mancherà di rispetto agli anziani. Si prenderà tutta la colpa e ammetterà i suoi torti. La collera di suo padre, che pochi giorni prima lo ha rimproverato di averlo umiliato, per lui è già la peggiore delle punizioni. Suo padre lo ha tirato su con dignità e rispetto, e gli ha dato tutto ciò di cui aveva bisogno per crescere e prosperare. Non sopporta il pensiero di averlo ferito.

«Bakary, sono molto dispiaciuto di questa faccenda, anche se in realtà non rappresenta un vero problema» afferma il padre di Boukar. «La ragazza è solo una serva, una *kaado*. Non è una relazione seria. Qualunque cosa sia successa, non succederà più. Manteniamo la data già fissata per il matrimonio, e tanto basta. Parlare di un argomento così vergognoso non ci fa onore.»

«Padre, Boukar mi ha disprezzata, io non voglio più sposarlo» interviene Hapssi. «Ha avuto una relazione con una domestica. La domestica di mia zia, per di più! Mi vergogno così tanto.»

«Nessuno ha chiesto la tua opinione, Hapssi» la interrompe Diddi con severità.

«Il matrimonio viene confermato per la data prevista» decreta Alhadji Bakary con fare altezzoso.

Senza che nessuno lo abbia invitato a parlare, interviene anche Ibrahima, mellifluo.

«La ragazza si scusa, Alhadji. È tutto un malinteso. È una ragazza del nostro villaggio, e c'è qui anche sua madre, che l'ha già rimproverata per la sua leggerezza. Sono cose che capitano, è solo che poi la gente drammatizza e ne racconta di tutti i colori. Comunque, se ne andrà dalla tua casa e se ne tornerà al villaggio...»

A Ibrahima importa solo della casa, e per evitare di perderla è pronto a qualunque concessione, a qualsiasi compromesso. Soprattutto è pronto a sbarazzarsi di Faydé, in modo che gli altri possano rimanere. Pensa a loro, certo, ma soprattutto pensa ai soldi che ci guadagna e al suo ruolo di uomo di fiducia che non vuole perdere, per colpa di una banale storia di letto. Una storia che non avrebbe mai dovuto trapelare, mettendolo in una posizione tanto scomoda. Ha sgobbato anni, per guadagnarsi il suo ruolo di figlio adottivo e di scagnozzo fidato al tempo stesso.

«Mi ha comunque offeso, padre, già prima del matrimonio! Cosa farà dopo?» dice Hapssi, che finalmente è riuscita a superare la timidezza e a parlare con suo padre.

«Boukar si è già scusato e non è successo niente di grave» sottolinea il padre di Boukar. «Hapssi, figlia mia, non ti fissare su quello che è successo, cerca di dimenticarlo in fretta, fallo per me.»

«Non si discute con i servi, Hapssi, non ci si mette a questionare con chi non ci arriva nemmeno alla caviglia» interviene severo Alhadji Bakary. «Una *kaado-meere*! Questa ragazza non è una minaccia per te, non lo sarà mai. E mi deludi, se manchi di pudore al punto da considerarla una possibile rivale.»

Faydé china la testa, e le lacrime che sta cercando di trattenere cominciano a scorrerle sulle guance. Sa che non può competere con una come Hapssi, una ragazza di buona famiglia con i genitori che si prendono cura di lei, una ragazza nata con tutte le fortune e alla quale la vita ha offerto tutto ciò che può desiderare.

Davanti alle lacrime di sua figlia, Kondem va su tutte le furie. E non si domina più.

Si alza e per di più alza la voce, furibonda.

«Questa *kaado*, questa nullità che per voi non è neanche una persona, ha un nome: Faydé! Questa ragazza che non arriva alla caviglia di Hapssi, questa *kaado-meere* che non è abbastanza donna perché tua figlia si senta minacciata... be', guardala bene, Alhadji Bakary, perché anche lei è tua figlia. E lo sai molto bene quando e come è venuta al mondo. E anche le tue mogli lo sanno, e anche tua sorella qui presente lo sa. Ora, Boukar, sposerai Hapssi, e avrai come cognata una *kaado-meere*. Faydé, alzati, andiamocene da qui!»

Kondem si è finalmente liberata del fardello che le pesava addosso da quasi vent'anni. A testa alta, sotto gli occhi attoniti e sconcertati dei presenti, prende per mano la figlia e con decisione la conduce via.

Alhadji Bakary può fare quello che vuole!

Cosa potrebbe fare di peggio di quello che la vita ha già inflitto loro?

8

Alhadji Bakary può fare ben di peggio di quello che Kondem si immagina, anche nei suoi incubi peggiori. Orgoglioso com'è, non ha mai lasciato passare un insulto o un'umiliazione senza reagire. Non può accettare che la sua reputazione venga infangata, anche solo in minima parte. È pronto a sborsare qualunque cifra, a corrompere chiunque e a usare tutta la sua influenza per punire nel modo peggiore coloro che lo sfidano. Non mancherà mai di farla pagare a chiunque osi screditarlo.

Molti l'hanno sperimentato. Ex dipendenti accusati di appropriazione indebita, con o senza prove, clienti non troppo pronti a pagare e persino il suo autista, colpevole di negligenza con la macchina nuova del padrone, languono in prigione da anni, in attesa di una sentenza che non arriverà mai. Alhadji Bakary si assicura a colpi di mazzette che i fascicoli di chi ha osato mettersi contro di lui non giungano mai sulla scrivania del procuratore. Se non ci sarà il processo, non potrà esserci il rilascio.

Kondem ha creato uno scandalo e ha rivelato davanti a testimoni il carattere immorale del potente Alhadji Bakary, che rifiuta di riconoscere i suoi torti. Ha osato sbattergli in faccia che lui, uno degli uomini d'affari più rispettati in città, un irreprensibile Fulani, uno che fa il pellegrinaggio annuale alla Mecca, sposato con le donne più belle di Maroua, ha violentato la sua domestica e l'ha messa incinta. Kondem ha dichiarato che la giovane domestica ora sul banco degli imputati, per la sola colpa di aver amato il fidanzato della figlia di Alhadji Bakary, è anche lei sua figlia. Ha svelato l'inammissibile davanti a tutta la famiglia. E Alhadji Bakary non le permetterà mai di uscirne a testa alta: le farà pagare la sua insolenza. È questo che cerca di farle capire Ibrahima, che segue Kondem in compagnia della sua amica Sadjo.

«Allora è vero? Faydé è sua figlia?»

«Certo che è vero, Ibrahima» interviene Sadjo. «Lo sappiamo tutti. Tu eri lì, no, quando Kondem è tornata al villaggio incinta?»

«Non me lo ricordo, ma non ha importanza. Non avresti mai dovuto dirglielo in faccia così, Kondem, davanti al suo amico, a sua figlia e al suo futuro genero. Cosa ti aspetti? Che accolga tua figlia? Quello è un tipo pericoloso.»

«Cos'altro può farmi? La vita me l'ha già rovinata. Ma non potevo accettare che umiliasse così mia figlia, dicendole in faccia che è una donna di cui la sua Hapssi non può essere gelosa! Ho proprio perso la calma» ammette Kondem con pacatezza.

Ibrahima la guarda mestamente.

«Sei stata stupida, Kondem. E tua figlia ha preso da te. Alhadji Bakary può decidere di eliminarti o di far sparire Faydé. L'anno scorso una delle sue figlie si era innamorata di un giovane ciadiano, mentre lui aveva deciso di darla in sposa a un altro. L'innamorato ha passato cinque giorni in una cella dove l'hanno torturato, prima di deportarlo nel suo paese, e la ragazza si è ritrovata sposata una settimana dopo. Alhadji Bakary ha accusato uno dei suoi dipendenti di appropriazione indebita, e quello non voleva confessare, diceva che era innocente. Be', lui ha mandato degli scagnozzi ad aggredire sua moglie: hanno rasato la testa a lei e violentato le figlie, e in più gli hanno mezzo distrutto la casa. È uno pronto a commettere le peggiori atrocità, e senza alcuna misericordia. E questi sono solo degli esempi, potrei continuare per ore. Qualunque cosa faccia, a lui non può succedere niente, in questo paese.»

«Quindi il padrino che tu rispetti tanto, Ibrahima, in pratica è una canaglia, nonostante tutta la sua ricchezza» esclama Sadjo. «Ma tu sei con lui da anni. Ti sei anche convertito per lui.»

«Non era per lui, ma per me. E anche se lui è veramente cattivo dentro, ci sono cose di cui vale la pena approfittare. Quante persone ci abitano, nella casa che mi ha lasciato usare? Faydé e Srafata non hanno forse vissuto qui per anni? Eravate tutte molto contente di avere un tetto a disposizione, ma adesso me lo rinfacciate. Ecco cosa succede, a far del bene agli altri!»

«Ma certo che ti siamo grati, Ibrahima.»

«Tornerò da lui e mi scuserò per te, Kondem. Anche se, conoscendolo, di sicuro non si fermerà qui. Faresti meglio a lasciare la città il più presto possibile, insieme a tua figlia, e io farò quello che posso.»

Kondem ha ascoltato senza battere ciglio gli avvertimenti di Ibrahima. Si rende conto di quanto sia stata impulsiva, ma è disposta ad accettarne le conseguenze. A tratti un'inquietudine sorda la travolge, ma allo stesso tempo si sente leggera, più di quanto le sia capitato da anni e anni. Si è finalmente liberata del pesante segreto che la opprimeva.

Dopo che Ibrahima e Sadjo se ne sono andati, Faydé si è buttata sul materasso nella stanza di sua madre e ha pianto a dirotto, sotto gli sguardi attoniti dei fratellini. Una volta calmata, sua madre si è limitata a metterle davanti un bicchiere d'acqua e un piattino di riso.

«Dovresti mangiare un po', Faydé. Domani è un altro giorno.»

«Come hai potuto non dirmelo?»

«Cosa volevi che ti dicessi?»

«Tutto!»

«Non eri abbastanza grande per capire, e quando lo sei diventata avevamo altre preoccupazioni» risponde Kondem.

Poi rimane in silenzio per un momento, prima di aggiungere con aria pensierosa: «Non avevo bisogno di dirtelo, Faydé. Sinceramente, a che scopo? Ho lavorato nella sua casa per tre anni. Non era così ricco come oggi, ma era già altezzoso e sprezzante. Quel giorno stavo pulendo il suo appartamento. Sua moglie era via, lui ha deciso di prendermi e mi ha presa. Sono rimasta incinta e non ho abortito, a differenza di altre. E tua nonna ha deciso di chiamarti "trovata", Fayderé. Lei ti voleva un bene dell'anima».

«Me lo ricordo» dice Faydé con un sorriso triste. «Ma devi aver sofferto a causa mia. Devi avermi odiato per quello che ti ricordavo...»

«Mai una volta, nemmeno per un istante, ti ho vista legata a quel verme. Sei mia figlia e ti amo più di ogni altra cosa al mondo. Per me, tuo padre è Doubla. Lui ti ha accettata e ha per te lo stesso amore che ha per i suoi figli. E siamo una famiglia felice. Un padre non è per forza di cose chi ti mette al mondo, lo è molto di più chi ti ama e ti protegge.»

«Sì, è vero.»

«Se non ho rivelato il mio segreto non è perché sperassi di ottenere qualcosa, figlia mia, quindi non aspettarti niente neanche tu. Non ti accetteranno mai, e tu non hai bisogno di essere accettata. Dimentica Boukar, lasciali nel loro mondo. È un mondo al quale non apparteniamo, e dove non c'è posto per noi, se non come serve.»

«Ma io lo amo, Dada!»

«Magari ti ama anche lui, ma le ragioni della famiglia passeranno sopra a quelle dell'amore. Non temere, lo dimenticherai presto. Incontrerai un altro uomo che ti stimerà e ti rispetterà.»

Pur mantenendo la calma mentre si sforza di rassicurare sua figlia come meglio può, Kondem sa bene che le cose non si sistemeranno tanto facilmente.

Con grande sorpresa di Faydé, che non si aspettava proprio di vederlo, Boukar arriva al calare della notte accompagnato da Biri.

Saluta educatamente Kondem e va a sedersi sul tappeto, con la massima naturalezza.

«Non dovresti essere qui, Boukar. La tua presenza ci metterà ancora di più nei guai» gli dice subito Kondem.

«Madre, non abbiamo fatto nulla di male. Io amo davvero Faydé.»

«L'amore da solo non basta, e tu lo sai. I tuoi genitori te l'hanno appena spiegato. Riaccompagnalo, Faydé, e torna subito indietro» aggiunge con fermezza.

Biri aspetta vicino a una moto.

«Perché sei venuto, Boukar? Vuoi proprio farci avere altri problemi?»

«Che cosa faremo, Faydé?» chiede lui, a capo chino.

Lei lo guarda per un momento e poi, senza rispondere, gira sui tacchi e se ne va.

Lui non si muove e la guarda allontanarsi.

Il giorno dopo Kondem sta spaccando le pietre, assorta nel suo lavoro, e non vede la macchina della polizia che si ferma ai piedi della montagna. È solo quando un agente in uniforme pronuncia il suo nome, ad alta voce, che si rende conto che i guai sono appena cominciati.

La gente del villaggio è preoccupata e si mobilita. Tutti mettono a disposizione i pochi risparmi che hanno. Kondem è stata arrestata. È stata ammanettata e portata alla gendarmeria. Alhadji Bakary ha sporto denuncia per diffamazione, pagando profumatamente per impedire che venga rilasciata.

Sono passati due giorni senza che la povera donna abbia potuto lasciare la minuscola cella in cui l'hanno rinchiusa. Rimane solo un giorno, poi verrà trasferita in prigione e chissà quando la rivedranno.

Doubla è tornato subito, non appena gli è arrivata la notizia. Faydé gli ha raccontato tutta la storia e lui non l'ha rimproverata. Bisogna far uscire Kondem; anche se, per il momento, nessuno dei tentativi di contattare la polizia ha avuto successo.

Così Faydé si decide a chiamare Boukar. Da quel maledetto giorno ha sempre tenuto spento il telefono, sapendo che lui avrebbe cercato di chiamarla. Ma per sua madre è pronta a tutto, a qualunque sacrificio. Lui è l'unico che può aiutarle entrambe. Inghiottendo le lacrime, compone febbrilmente il numero di Boukar. Lui risponde al primo squillo.

«Faydé!»

«Lui ha fatto arrestare mia madre.»

Lei non aggiunge nulla.

Dopo un lungo silenzio Boukar sospira.

«Ci penso io» dice, prima di riattaccare.

Boukar non perde tempo. Va subito a casa di suo padre e lo trova in salotto in compagnia di uno zio. Sul volto di suo padre la stessa espressione sostenuta che negli ultimi giorni non lo ha mai lasciato.

Era così orgoglioso di Boukar, che non lo aveva mai deluso. Aveva riposto tutte le sue speranze in lui e gli eventi degli ultimi giorni lo hanno profondamente turbato. Boukar lo saluta con rispetto, poi saluta lo zio e si siede sul tappeto.

«Diddi mi ha messo al corrente» comincia lo zio con aria severa. «Confesso di essere sorpreso e deluso, Boukar. Tu, il più coscienzioso di tutti i nostri figli, come hai potuto metterti in questa situazione?»

«Ma di cosa mi stai incolpando, esattamente? Di aver provato dei sentimenti per una ragazza?»

«Ma la ragazza è la nostra domestica. Quanto

possono essere dignitosi, questi tuoi sentimenti? Possiamo capire che tu volessi divertirti, sei un uomo, non è un gran problema, però avresti dovuto essere più discreto. Invece hai osato portarla da te, in casa tua!»

«Non era per divertimento. Io la amo.»

«Non avrai pensato che ti avremmo lasciato sposare una *kaado*, vero? Un proverbio fulani dice: *Chi vuole una buona prole deve sforzarsi di scegliere bene la propria moglie*. Per mantenere la purezza della nostra etnia! Vuoi che i tuoi figli siano frustrati dall'avere una madre *kaado*? Quale educazione religiosa potresti mai dare loro, sposando una cristiana? Come pensi di farti rispettare qui nella nostra terra?»

«Zio, stai dicendo delle assurdità. Questa mentalità tribale e razzista è ormai superata. Nessun gruppo etnico è al di sopra di un altro. E oggi nessuno, qui a Maroua, può vantare un sangue fulani realmente puro.»

«Cosa stai insinuando, Boukar? Che tra noi alligna la malapianta del meticciato? Nella nostra famiglia?»

«Non insinuo niente, la mia è una certezza. Ho studiato storia, all'università. Ma seguo le tradizioni, per questo ho accettato di sposare Hapssi. L'avete scelta voi, e so, come lo sapete voi, che i miei sentimenti vengono dopo il rispetto che vi devo. Ma ho un favore da chiedervi, e significa molto per me.»

«Sai che faremmo tutto per te, Boukar.»

«Alhadji Bakary ha fatto arrestare la madre della ragazza. Non sempre è cosa buona dire la verità, e capisco che possa essersi arrabbiato, ma è povera gente. Padre, sono venuto a chiederti di intervenire affinché lui la faccia rilasciare. Non è giusto tenerla in prigione. Il matrimonio con Hapssi sarà celebrato com'è nei vostri desideri, e non ci saranno altri scandali. Ma loro almeno lasciatele in pace, adesso.»

Alhadji Bakary ha ritirato la denuncia e Kondem è stata rilasciata, ma solo dopo una lunga predica da parte dei poliziotti. Uno di loro, originario dello stesso villaggio, la accompagna fuori dalla stazione di polizia, dove Doubla la sta aspettando.

Con loro, l'agente usa il loro dialetto.

«Ma cosa ti è saltato in mente, sorella, di metterti contro un individuo così temibile e di insultarlo? Lo sanno tutti in città quanto sia spietato. Chi credi di essere, per mettergli i bastoni tra le ruote? Non hai proprio sale in zucca... Lo sai che una volta finita in prigione, non ne esci più? È da ieri che ti volevano deferire al tribunale, ho dovuto insistere con i miei colleghi per convincerli ad aspettare ancora un po'.»

«È una lunga storia» commenta Doubla, chinando la testa.

«Abbiamo già abbastanza problemi così, al villaggio.»

«Non temere, ce ne andiamo da Maroua tra qualche giorno» conclude Doubla prima che si salutino.

Il matrimonio di Boukar e Hapssi si celebra in pompa magna. Per la grandiosa festa d'addio, alla quale sono invitate tutte le ragazze di Maroua, Alhadji Bakary ha affittato il complesso Woyla, il luogo più bello in città. È tutto un fermento. Il Maroua Palace Hotel, che sorge di fronte alla stanza dove Faydé e la sua famiglia stanno facendo i bagagli, è illuminato e decorato con fiori e ghirlande per la serata del matrimonio. Sulla facciata hanno appeso un grande striscione con le foto di Boukar e Hapssi.

La scelta del luogo non è una coincidenza, per chi conosce Alhadji Bakary. Vuole umiliare Kondem e sua figlia Faydé. Questo matrimonio lo devono vivere a tutti i costi da vicino per capire una volta per tutte che c'è un mondo a dividere Hapssi da Faydé, nel caso non l'abbiano ancora accettato.

Srafata e Sadjo sono appena arrivate.

Mentre le madri chiacchierano sottovoce, Faydé esce con Srafata. Si siedono su una panca malconcia davanti alla casa. Dall'altra parte della strada riecheggia il ritmo della musica, con i suoni dei tamburelli e i canti dei griot. La festa è in pieno svolgimento.

«Avete deciso dove andare?»

«A Banyo. È abbastanza lontano e mio padre ha trovato lavoro. Dice che lì staremo bene. E tu, Srafata, cosa farai?»

«Diddi mi ha chiamato stamattina per chiedermi di prendere il tuo posto. Ho accettato, anche perché loro pagano! Lavorerò con mia madre, e abbiamo trovato una cameretta in affitto. Non sarà facile» aggiunge con una risata che suona triste. «Mi comanderà a bacchetta e non mi lascerà uscire. Ma almeno, non dovrò più fare... lo sai.»

«Lo so.»

«Ne abbiamo parlato, con mia madre. Ha una cugina a Ngaoundéré che ci ha invitate ad andare da lei. I ristoranti vanno bene laggiù, a quanto pare. Lavoreremo qui per sei mesi, il tempo di mettere da parte qualche soldo, e poi ce ne andremo anche noi. Perché anche noi abbiamo bisogno di cambiare aria, o almeno di provarci.»

«Ti farà bene andartene da qui, Srafata.»

«La vita può essere bella, ma insieme anche così triste. Il villaggio non esiste più, Danna è a Douala, Bintou si è ammazzata, Fanta l'hanno costretta a sposarsi e noi due, adesso...»

Tra le due ragazze cala il silenzio, ognuna persa nei suoi pensieri. Di colpo Faydé si alza, fa qualche passo e va ad appoggiarsi a un albero. Guarda pensierosa il grande hotel illuminato, dove la musica sembra aver raddoppiato di intensità. Uomini e donne ben vestiti entrano ed escono. Risuona un'esplosione di grida, e le ragazze indovinano che annunciano l'arrivo degli sposi. Alhadji Bakary non ha badato a spese, per rendere grandiosa la cerimonia. Deve lavare l'onta, e spazzare via gli ultimi resti dell'incidente che per poco non ha mandato all'aria il matrimonio, e compromesso la sua stessa reputazione. Per l'occasione è riuscito persino, con l'approvazione delle autorità cittadine, a far sospendere il coprifuoco.

«Non apparteniamo allo stesso mondo, Faydé. Non vale la pena di piangersi addosso» dice Srafata, che si è avvicinata all'amica e cerca di confortarla abbracciandola.

«Lo so» risponde Faydé, con voce strozzata.

I griot cantano a squarciagola e di tanto in tanto si sentono risuonare nitidi i nomi di Boukar e Hapssi. Faydé non ha bisogno di essere presente alla festa, per sapere cosa sta succedendo. Hapssi sarà bellissima stasera, truccatissima, vestita con estrema cura e ricoperta di gioielli d'oro. Già la immagina tra le braccia di colui che stanotte la possiederà, nella stanza dove lei, Faydé, ha passato i momenti più belli della sua vita.

«Ti farà bene andartene da questa città. Vedrai, lo dimenticherai in fretta. Non apparteniamo allo stesso mondo, Bintou non lo aveva capito.»

«Lo so.»

Le lacrime che ha trattenuto per giorni cominciano a scorrere copiose. Singhiozza tra le braccia dell'amica, che le ripete: «Non apparteniamo allo stesso mondo, Faydé».

9

Qui c'è una tomba. Faydé cammina sotto l'albero che Boukar le aveva indicato. Sembra una tomba, è vero, o una vecchia stazione di pompaggio della società idrica. È una piccola struttura di cemento che sporge dal terreno, sigillata da una massiccia lastra, e manterrà ancora a lungo il suo segreto – almeno per tutti gli adolescenti sognatori della «Scuola della speranza», diventata nel frattempo un campus universitario. Oggi più che mai, questo luogo rappresenta una speranza per tanti giovani in cerca di conoscenza.

Qui ci portavamo le ragazze.

Quanti adolescenti hanno vissuto qui i loro primi turbamenti? Quante ragazze si sono lasciate andare, sull'onda di promesse destinate a non essere mantenute? Quante coppie hanno iniziato qui una vera storia d'amore? Quanti bambini sono nati, da quegli idilli romantici?

La data del matrimonio è stata fissata... è tra due settimane.

Faydé scaccia dalla mente i ricordi del passato e si incammina a passo deciso verso l'uscita. Non è più un'adolescente sognatrice. E i ricordi, anche se meno dolorosi, rimangono vividi come se tutto fosse accaduto soltanto ieri.

Sono passati cinque anni da quando ha lasciato Maroua. Si siede sul bordo di un'aiuola, persa nei suoi pensieri. Si è fermata qui senza riflettere, mentre faceva una passeggiata nel quartiere dove si è appena trasferita.

Per tutta la vita ricorderà quella partenza precipitosa, angosciante ma così piena di speranza. Era salita sulla prima corriera che lasciava la città, all'alba, insieme alla sua famiglia. Nessuno aveva potuto chiudere occhio, prima, perché l'intera notte era stata scandita dalla musica e dal suono dei tamburelli per celebrare degnamente il matrimonio di Hapssi, la più amata delle amate figlie di Alhadji Bakary.

Il viaggio era durato due giorni. Partiti da Maroua e diretti verso Sud, avevano attraversato l'arida steppa di cespugli spinosi, lo sguardo perduto tra i grandi spazi aperti che si estendevano a perdita d'occhio, e nella savana boscosa. L'atmosfera a bordo della corriera era vivace; ogni passeggero sembrava avere qualcosa da raccontare. I bambini erano eccitati e le fermate nei piccoli villaggi lungo la strada molto frequenti. Faydé, seduta accanto al finestrino, non aveva detto una parola per tutto il tragitto e all'arrivo a Ngaoundéré, prima tappa del viaggio, aveva faticato a dissimulare il disagio, sopraffatta dai ricordi.

Hapssi non sarà mai capace di dare qualcosa agli altri, è una di quelle persone che sanno solo ricevere, erano state le parole di Boukar. Già, proprio così! Hapssi ha passato la vita a ricevere ciò che lei, Faydé, non potrà mai sperare di avere, ma Hapssi non sarà mai capace di dare ciò che è in grado di offrire proprio chi non ha mai ricevuto nulla. La generosità risiede nel cuore, non nei mezzi di cui uno dispone.

A Ngaoundéré erano saliti su un'altra corriera che andava a ovest, prima di inoltrarsi nella regione degli altopiani, una vasta savana perlopiù pianeggiante adatta all'allevamento come all'agricoltura. Al confine tra Sud, Nord e il Grande Ovest, era una terra meticcia, luogo di tolleranza.

Doubla, seduto accanto a lei per quest'ultima tappa del viaggio, le aveva sussurrato: «Qui la gente non ti giudica per la tua etnia o la tua religione, e neanche per le tue origini. Banyo è molto più cosmopolita e quindi più aperta di Maroua».

«Io l'ho amato, papà, l'ho amato e basta. Non ho fatto niente di male.»

Lui le aveva preso la mano e l'aveva stretta forte.

«L'amore ci aiuta ad andare avanti e diventare migliori. Non hai nulla da rimproverarti. Sei giovane e hai tutta la vita davanti.»

A Banyo, Faydé aveva proseguito gli studi, e si era mantenuta vendendo pesce alla brace la sera. Kondem si era messa a vendere ciambelle, particolarmente apprezzate in città, mentre Doubla aveva lavorato come guardiano per una cooperativa finanziaria. Qui non si sentivano né superiori né inferiori agli altri. Avevano coltivato un pezzo di terra e comprato qualche pollo e alcune capre, e la loro vita quotidiana era migliorata.

Due anni dopo, Faydé aveva passato la maturità e aveva deciso di studiare infermieristica, riuscendo a superare l'esame di ammissione. La scuola si trovava a Garoua, a meno di duecento chilometri da Maroua, ma lei non aveva mai osato tornare in quella città piena di ricordi, dove aveva sepolto i suoi sogni.

E ora, per il suo primo incarico, è stata assegnata proprio all'ospedale regionale di Maroua. Dopo aver preso servizio, si è buttata anima e corpo nel lavoro. Si rende conto che allontanandosi dalla regione si è allontanata anche dalle sue realtà. La città è regredita, le strade sono degradate. Molti sono gli sfollati che la popolano, vittime di Boko Haram. Tutto il giorno Faydé ascolta storie che la fanno inorridire. Giovani donne rapite, violentate, che hanno grandi difficoltà a rifarsi una vita, donne che hanno perso i loro figli e sono state abbandonate. Ogni giorno vede tanti bambini spegnersi per colpa della malaria, del colera, del tifo e della meningite o anche solo perché non hanno da mangiare.

Dalla mattina alla sera Faydé offre conforto e lavora senza risparmiarsi. I medici oberati di lavoro lodano la sua dedizione, il dinamismo e la disponibilità.

Questa settimana ha il turno di notte. Prendendo servizio, consulta la lista dei pazienti appena arrivati.

Impaziente di tornarsene a casa, la collega Doudou le fa un rapido resoconto.

«Quel vecchio con l'infezione è morto nel corso della giornata, e abbiamo diversi casi di malaria acuta. Il dottor Nasser è via per un viaggio. In caso di emergenza c'è solo il dottor Mballa, ma ti avverto, è sovraccarico di lavoro, stanco e di cattivo umore.»

«Come al solito, Doudou» risponde Faydé con un sorriso.

«C'è una bella famiglia nella camera 5. Molto generosa. La signora è diabetica, fai attenzione quando le metti la flebo. Ora devo scappare, coraggio, mia cara!»

Il camice bianco ben stirato, un'etichetta sul petto dove si legge FAYDÉ, MARIE, lo stetoscopio appeso al collo, Faydé entra nella stanza 5. Regge un vassoio con siringhe, flaconi per fleboclisi e altri medicamenti.

«Buonasera, Hadja, vengo a metterle la flebo,

so che è diabetica. I familiari devono uscire, mentre le pratico l'iniezione.»

Chiude la porta, prepara l'attrezzatura e sta per collegare la flebo quando si blocca: la paziente non è altro che Diddi!

Ha perso molto peso. Affaticata, gli occhi chiusi, non l'ha riconosciuta. Faydé si sente sommersa dai ricordi. Diddi è sempre stata buona con lei e l'ha sostenuta contro Ayya, la più aggressiva delle co-spose. Faydé non la vede dal giorno in cui Kondem ha rivelato davanti a tutti chi era suo padre. Scaccia dalla mente i ricordi: non è più la ragazza ingenua e piena di speranze che lavorava come domestica nella grande casa dove Diddi era la prima moglie. E non ha più nulla da nascondere.

«Diddi? Sono io, Faydé.»

Diddi apre gli occhi e le sorride.

«Faydé! Oh, mio Dio, figliola, sei diventata infermiera? È vero, Boukar mi aveva detto che andavi a scuola.»

«Sì. Pur lavorando ho continuato gli studi.»

«E non hai pensato di venire a salutare la tua vecchia zia, da quando sei in città? Non è bello da parte tua.»

Faydé inizia a piangere. Con queste semplici parole, Diddi le ha fatto capire che non solo non la respinge, ma l'ha appena accettata come sua nipote.

Nei giorni che seguono, tutta la famiglia viene a far visita a Diddi. Naïma, che è cresciuta molto, frequenta la scuola media e accoglie Faydé abbracciandola come se nulla fosse. Hamza, un giovanotto ormai irriconoscibile, con tanto di barba, le presenta con orgoglio sua moglie, una ragazza minuta dal viso dolce. Haman, arrogante come sempre, accompagna il fratello più anziano e stanco, che si appoggia a un bastone.

Una sera anche Hapssi va a trovare Diddi all'ospedale. Scende da una bella macchina, con un bambino in braccio. Quando la vede, Faydé si allontana subito, rifugiandosi nella stanza delle infermiere. È quasi sollevata quando, il giorno dopo, il medico firma le dimissioni di Diddi. Ma Diddi le fa promettere di passare a trovarla a casa.

Al contrario della grande affluenza degli ultimi giorni, l'ospedale stasera è tranquillo. I casi di malaria acuta sono in calo, grazie all'arrivo dell'harmattan. Faydé spera in una notte meno faticosa. Poi bussano alla porta del locale infermiere e lei sospira. Ci siamo, un altro paziente!

«Prego, entri pure.»

«Faydé!»

Ha pronunciato il suo nome con la stessa intensità di una volta, un lieve sorriso sulle labbra. Avrebbe riconosciuto la sua voce tra mille e d'improvviso le torna la paura degli ultimi giorni. Quante volte ha sognato questo momento, da quando ha rivisto Hapssi? E quante volte l'ha anche temuto?

Ma non è più la ragazza vulnerabile di cinque anni fa. Si ricompone e si alza svelta.

«Boukar! Sono lieta di rivederti.»

«Sono orgoglioso di quello che sei riuscita a compiere, Faydé. Quando Diddi mi ha detto che eri diventata infermiera, ti confesso che non ne sono rimasto sorpreso.»

«Non stai bene? Cosa posso fare per te?»

«Sono venuto a trovarti, Faydé. Sei ancora più bella di come ti ricordavo.»

Non è cambiato niente. Cinque anni non sono bastati per dimenticare e cancellare tutto. Le lacrime, il dolore e i rimpianti non hanno spento i sentimenti che li univano. Basterebbe uno sguardo – e tutto potrebbe riprendere da dove si era interrotto. Ma quando si cresce, quando si matura dopo essere rimasti feriti nel profondo dell'anima, la ragione prende il sopravvento. Il tempo è passato, portandosi via sogni e ingenuità.

«Bene, prof, gentile da parte tua venire a trovarmi. Ho visto Hapssi con il bambino, anche se non le ho parlato. Congratulazioni, sono felice per te. Quanti figli avete?»

Lui inarca le sopracciglia, e la fissa con uno sguardo strano.

«Hapssi si è risposata con un altro uomo, Faydé. Non abbiamo avuto figli, il nostro matrimonio è durato appena otto mesi.»

Con tutto il pandemonio messo in piedi da Alhadji Bakary! Tutto lo scandalo, il matrimonio, la festa lussuosa, e tutto per cosa? Per otto mesi! Solo otto mesi, mentre per cinque anni, notte dopo notte, Faydé ha immaginato Hapssi tra le braccia di Boukar. Ogni giorno ha cacciato via i ricordi e represso i suoi sentimenti, spingendoli in fondo all'animo. Ha anche tentato di lasciarsi andare a qualche avventura, nel periodo degli studi da infermiera, ma dopo due o tre appuntamenti lasciava perdere, per onestà verso se stessa e verso l'uomo che si aspettava da lei più di quanto Faydé potesse dargli.

«Otto mesi!» ripete Faydé.

«Come sta tua madre, Faydé?» chiede Boukar, cercando di cambiare argomento.

«Sta bene. È felice a Banyo, e si è fatta molte amiche. Certo, ha un sacco di noie con i ragazzi che non riescono mai a stare tranquilli, ma riesce ancora a tenerli in riga» aggiunge, con una risata.

Boukar ride a sua volta e poi chiede: «E la tua amica Srafata? Che fine ha fatto?».

«Si è sposata e ha appena messo al mondo due gemelli. Ha un ristorante a Ngaoundéré. Dovresti andarci, se torni a Ngaoundéré» dice, mordendosi subito dopo le labbra.

Un silenzio imbarazzante cade tra loro, al ricordo della città dove hanno trascorso momenti indimenticabili.

Sono uno di fronte all'altra.

D'improvviso, il tempo si ferma. E riaffiorano i ricordi dolorosi che avrebbero voluto cancellare.

E poi Faydé gli dice di sedersi.

Una sera, sta sistemando i locali dell'associazione che ha appena creato per aiutare le donne. Nella sua sfortuna, è consapevole di essere stata fortunata. Quante ragazze si sono trovate nella sua stessa situazione di qualche anno prima, e non se la sono cavata altrettanto bene? Faydé ha deciso che deve fare la sua parte, per cercare di cambiare le cose.

Boukar ha preso l'abitudine di andarla a trovare sempre più spesso, ma questa volta glielo dice chiaro e tondo.

«Non sono riuscito a dimenticarti.»

Dopo un breve silenzio, Faydé gli risponde: «La vita è complicata, Boukar. È vero che nemmeno io sono riuscita a dimenticarti, ma tu hai fatto una scelta: hai deciso di sposare Hapssi».

Boukar sospira, senza cercare di giustificarsi.

«Un giorno potrai perdonarmi, Faydé?»

«Non ce l'ho con te. Dopotutto, se sono qui è anche perché tu mi hai incoraggiato.»

«Allora sposiamoci! Non te ne pentirai.»

«Cosa è cambiato, Boukar? Sono sempre io, la *kaado* cristiana. Non ho intenzione di rinnegare la mia religione e diventare musulmana.»

«Io sono cambiato, non ti chiedo di rinnegare niente, ma di essere semplicemente quello che sei. E di amarmi, come mi amavi cinque anni fa.»

«Non apparteniamo allo stesso mondo, Boukar.»

«Invece apparteniamo proprio allo stesso mondo, Faydé. Adesso sei tu che ti crei barriere da sola. Siamo cambiati, siamo cresciuti e dobbiamo assumerci le nostre responsabilità. Se continui a non volerti liberare da queste catene, sarai l'unica a soffrirne.»

«Bintou è morta, per colpa di queste catene.»

«Sono passati anni. Ed è solo la gente come noi che può cambiare le cose. Per te, che hai creato questa associazione in ricordo di Bintou, forse è venuto il momento di decidere di vivere ciò che lei non ha vissuto.»

Faydé ci pensa.

Boukar dice il vero.

Non deve lasciare che il passato le impedisca di vivere. Forse è venuto davvero il momento di amare. Di amare, e basta!

Ringraziamenti

Per raccogliere il materiale necessario alla stesura di questa storia ho dovuto fare ricerche approfondite, che mi hanno portata a incontrare donne e uomini le cui testimonianze hanno arricchito la trama del romanzo. Vorrei esprimere loro tutta la mia gratitudine e riconoscenza: Alphonse, Sylvie, Marcel, Bintou, Dada Hamadou, Housseini, Dada Bachirou e tutti quelli e quelle che non posso citare per nome perché sono troppo numerosi. Grazie.

Il mio pensiero va alle compiante Doubla Sadjo e Dada Srafata che, per molti anni, mi hanno introdotto alle realtà socioculturali del mio ambiente.

Questo romanzo viene a coronare la mia nuova collaborazione, dopo *Le impazienti*, con Emmanuelle Collas. Le sono grata per la fiducia e per i nostri fruttuosi scambi durante tutto il processo editoriale. La ringrazio, così come ringrazio Justine Collas, per la cura dimostrata nella pubblicazione di questo libro. I miei ringraziamenti vanno anche a Sophie Bagur e France Collas per le loro domande e commenti e per la loro attenta rilettura.

Infine vorrei ringraziare mio marito, Hamadou Baba, per la sua preziosa disponibilità e il suo costante sostegno.

Questo libro è stampato fabbricato da Grafica Veneta S.p.A.
con un processo di stampa e rilegatura certificato 100% carbon neutral
in accordo con PAS 2060 BSI

Finito di stampare nel mese di agosto 2022
per conto di RCS MediaGroup S.p.A.
da Grafica Veneta S.p.A., Trebaseleghe (PD)
Printed in Italy